기본 연산
Check-Book

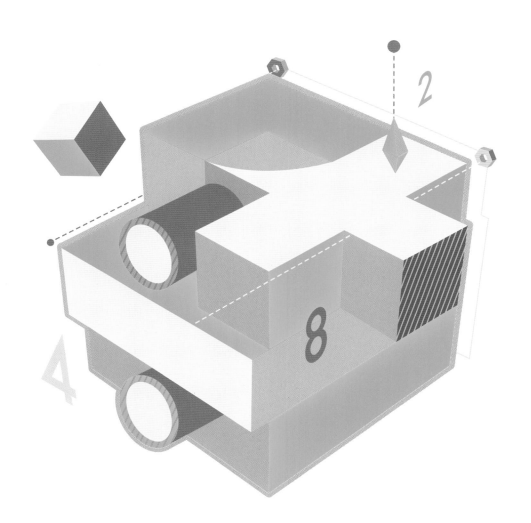

초등1 2호

뺄셈구구와 덧셈, 뺄셈 혼합

① $14-9=$ ☐　　② $13-7=$ ☐　　③ $12-8=$ ☐

④ $16-9=$ ☐　　⑤ $15-8=$ ☐　　⑥ $11-7=$ ☐

⑦ $11-8=$ ☐　　⑧ $12-7=$ ☐　　⑨ $14-5=$ ☐

⑩ $13-5=$ ☐　　⑪ $17-9=$ ☐　　⑫ $11-3=$ ☐

⑬ $11-2=$ ☐　　⑭ $11-5=$ ☐　　⑮ $12-6=$ ☐

⑯ $15-6=$ ☐　　⑰ $11-6=$ ☐　　⑱ $13-6=$ ☐

⑲
$$\begin{array}{r} 1\ 3 \\ -\quad 6 \\ \hline \end{array}$$

⑳
$$\begin{array}{r} 1\ 5 \\ -\quad 9 \\ \hline \end{array}$$

㉑
$$\begin{array}{r} 1\ 3 \\ -\quad 9 \\ \hline \end{array}$$

㉒
$$\begin{array}{r} 1\ 7 \\ -\quad 8 \\ \hline \end{array}$$

㉓
$$\begin{array}{r} 1\ 1 \\ -\quad 2 \\ \hline \end{array}$$

㉔
$$\begin{array}{r} 1\ 2 \\ -\quad 6 \\ \hline \end{array}$$

㉕
$$\begin{array}{r} 1\ 6 \\ -\quad 8 \\ \hline \end{array}$$

㉖
$$\begin{array}{r} 1\ 3 \\ -\quad 4 \\ \hline \end{array}$$

월 일

㉗ $16-7=\square$

㉘ $14-8=\square$

㉙ $13-9=\square$

㉚ $12-4=\square$

㉛ $15-7=\square$

㉜ $11-9=\square$

㉝ $13-4=\square$

㉞ $12-3=\square$

㉟ $17-8=\square$

㊱ $12-9=\square$

㊲ $18-9=\square$

㊳ $15-9=\square$

㊴ $14-7=\square$

㊵ $12-5=\square$

㊶ $13-8=\square$

㊷ $11-4=\square$

㊸ $16-8=\square$

㊹ $14-6=\square$

㊺ $\begin{array}{r} 1\ 2 \\ -\quad 8 \\ \hline \square \end{array}$

㊻ $\begin{array}{r} 1\ 1 \\ -\quad 7 \\ \hline \square \end{array}$

㊼ $\begin{array}{r} 1\ 5 \\ -\quad 7 \\ \hline \square \end{array}$

㊽ $\begin{array}{r} 1\ 2 \\ -\quad 5 \\ \hline \square \end{array}$

㊾ $\begin{array}{r} 1\ 4 \\ -\quad 5 \\ \hline \square \end{array}$

㊿ $\begin{array}{r} 1\ 8 \\ -\quad 9 \\ \hline \square \end{array}$

(51) $\begin{array}{r} 1\ 1 \\ -\quad 4 \\ \hline \square \end{array}$

(52) $\begin{array}{r} 1\ 4 \\ -\quad 7 \\ \hline \square \end{array}$

자르는 선

2주　□가 있는 뺄셈

① 15 − □ = 6　　② 13 − □ = 5　　③ 14 − □ = 6

④ 14 − □ = 5　　⑤ 12 − □ = 3　　⑥ 15 − □ = 8

⑦ 11 − □ = 2　　⑧ 17 − □ = 8　　⑨ 12 − □ = 9

⑩ 13 − □ = 6　　⑪ 11 − □ = 8　　⑫ 16 − □ = 9

⑬ 16 − □ = 7　　⑭ 15 − □ = 9　　⑮ 13 − □ = 4

⑯ 13 − □ = 7　　⑰ 11 − □ = 3　　⑱ 12 − □ = 4

⑲　1 1　　　⑳　1 3　　　㉑　1 5　　　㉒　1 2
　− □　　　　− □　　　　− □　　　　− □
　　2　　　　　8　　　　　9　　　　　3

㉓　1 4　　　㉔　1 6　　　㉕　1 2　　　㉖　1 4
　− □　　　　− □　　　　− □　　　　− □
　　8　　　　　9　　　　　6　　　　　6

월 일

㉗ $16-\square=8$ ㉘ $13-\square=9$ ㉙ $14-\square=7$

㉚ $12-\square=6$ ㉛ $14-\square=9$ ㉜ $17-\square=9$

㉝ $11-\square=4$ ㉞ $12-\square=9$ ㉟ $15-\square=8$

㊱ $13-\square=8$ ㊲ $18-\square=9$ ㊳ $11-\square=9$

㊴ $12-\square=7$ ㊵ $14-\square=8$ ㊶ $11-\square=5$

㊷ $11-\square=7$ ㊸ $15-\square=6$ ㊹ $12-\square=5$

㊺ $\begin{array}{r} 13 \\ -\ \square \\ \hline 6 \end{array}$ ㊻ $\begin{array}{r} 14 \\ -\ \square \\ \hline 5 \end{array}$ ㊼ $\begin{array}{r} 11 \\ -\ \square \\ \hline 6 \end{array}$ ㊽ $\begin{array}{r} 14 \\ -\ \square \\ \hline 9 \end{array}$

㊾ $\begin{array}{r} 11 \\ -\ \square \\ \hline 8 \end{array}$ ㊿ $\begin{array}{r} 18 \\ -\ \square \\ \hline 9 \end{array}$ (51) $\begin{array}{r} 15 \\ -\ \square \\ \hline 7 \end{array}$ (52) $\begin{array}{r} 12 \\ -\ \square \\ \hline 8 \end{array}$

자르는 선

두 수의 차

❶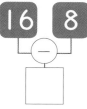

❷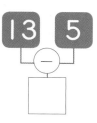

❸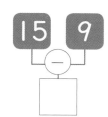

❹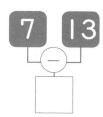

❺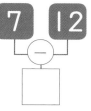

❻

❼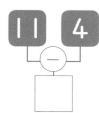

❽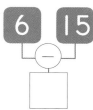

❾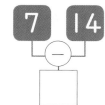

❿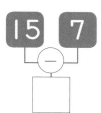

⓫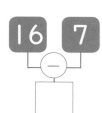

⓬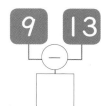

⓭

⓮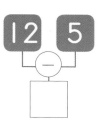

⓯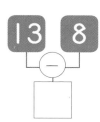

⓰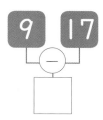

⓱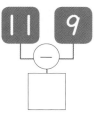

⓲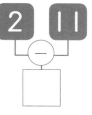

⓳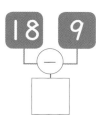

⓴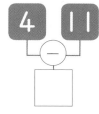

㉑

㉒

㉓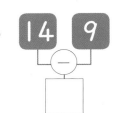

㉔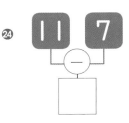

㉕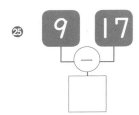

㉖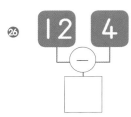

㉗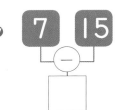

㉘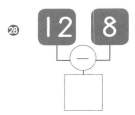

㉙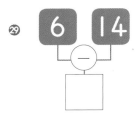

㉚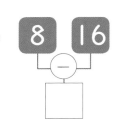

㉛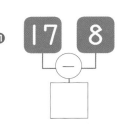

㉜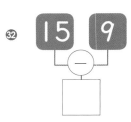

㉝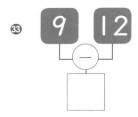

㉞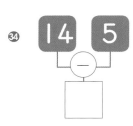

㉟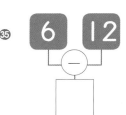

㊱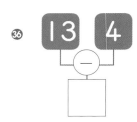

㊲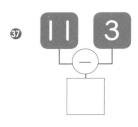

㊳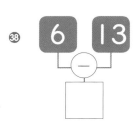

㊴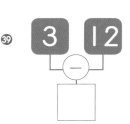

㊵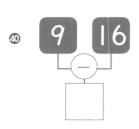

자르는 선

❶
$3+8=\boxed{}$

$8+3=\boxed{}$

$11-3=\boxed{}$

$11-8=\boxed{}$

❷
$4+7=\boxed{}$

$7+4=\boxed{}$

$11-4=\boxed{}$

$11-7=\boxed{}$

❸
$8+9=\boxed{}$

$9+8=\boxed{}$

$17-8=\boxed{}$

$17-9=\boxed{}$

❹
$7+9=\boxed{}$

$9+7=\boxed{}$

$16-7=\boxed{}$

$16-9=\boxed{}$

❺
$6+7=\boxed{}$

$7+6=\boxed{}$

$13-6=\boxed{}$

$13-7=\boxed{}$

❻
$3+9=\boxed{}$

$9+3=\boxed{}$

$12-3=\boxed{}$

$12-9=\boxed{}$

❼
$4+8=\boxed{}$

$8+4=\boxed{}$

$12-4=\boxed{}$

$12-8=\boxed{}$

❽
$6+9=\boxed{}$

$9+6=\boxed{}$

$15-6=\boxed{}$

$15-9=\boxed{}$

❾
$7+8=\boxed{}$

$8+7=\boxed{}$

$15-7=\boxed{}$

$15-8=\boxed{}$

⑩
$$5+8=\boxed{}$$
$$8+5=\boxed{}$$
$$13-5=\boxed{}$$
$$13-8=\boxed{}$$

⑪
$$4+9=\boxed{}$$
$$9+4=\boxed{}$$
$$13-4=\boxed{}$$
$$13-9=\boxed{}$$

⑫
$$5+7=\boxed{}$$
$$7+5=\boxed{}$$
$$12-5=\boxed{}$$
$$12-7=\boxed{}$$

⑬
$$5+6=\boxed{}$$
$$6+5=\boxed{}$$
$$11-5=\boxed{}$$
$$11-6=\boxed{}$$

⑭
$$6+8=\boxed{}$$
$$8+6=\boxed{}$$
$$14-6=\boxed{}$$
$$14-8=\boxed{}$$

⑮
$$5+9=\boxed{}$$
$$9+5=\boxed{}$$
$$14-5=\boxed{}$$
$$14-9=\boxed{}$$

⑯
$$2+9=\boxed{}$$
$$9+2=\boxed{}$$
$$11-2=\boxed{}$$
$$11-9=\boxed{}$$

⑰
$$6+6=\boxed{}$$
$$12-6=\boxed{}$$

⑱
$$7+7=\boxed{}$$
$$14-7=\boxed{}$$

⑲
$$9+9=\boxed{}$$
$$18-9=\boxed{}$$

⑳
$$8+8=\boxed{}$$
$$16-8=\boxed{}$$

자르는 선

① $7 + \boxed{} = 12$
  $12 - 7 = \boxed{}$

② $\boxed{} + 8 = 14$
  $14 - 8 = \boxed{}$

③ $9 + \boxed{} = 17$
  $17 - 9 = \boxed{}$

④ $\boxed{} + 3 = 11$
  $11 - 3 = \boxed{}$

⑤ $4 + \boxed{} = 13$
  $13 - 4 = \boxed{}$

⑥ $\boxed{} + 5 = 14$
  $14 - 5 = \boxed{}$

⑦ $7 + \boxed{} = 15$
  $15 - 7 = \boxed{}$

⑧ $\boxed{} + 9 = 18$
  $18 - 9 = \boxed{}$

⑨ $3 + \boxed{} = 12$
  $12 - 3 = \boxed{}$

⑩ $\boxed{} + 6 = 13$
  $13 - 6 = \boxed{}$

⑪ $8 + \boxed{} = 15$
  $15 - 8 = \boxed{}$

⑫ $\boxed{} + 9 = 15$
  $15 - 9 = \boxed{}$

⑬ $8 + \boxed{} = 17$
  $17 - 8 = \boxed{}$

⑭ $\boxed{} + 7 = 14$
  $14 - 7 = \boxed{}$

⑮ $5 + \boxed{} = 12$
  $12 - 5 = \boxed{}$

⑯ $\boxed{} + 8 = 13$
  $13 - 8 = \boxed{}$

⑰ $9 + \boxed{} = 16$
  $16 - 9 = \boxed{}$

⑱ $\boxed{} + 5 = 14$
  $14 - 5 = \boxed{}$

⑲
$12 - \boxed{} = 4$
$12 - 4 = \boxed{}$

⑳
$12 - \boxed{} = 6$
$6 + 6 = \boxed{}$

㉑
$11 - \boxed{} = 7$
$11 - 7 = \boxed{}$

㉒
$\boxed{} - 3 = 8$
$8 + 3 = \boxed{}$

㉓
$14 - \boxed{} = 6$
$14 - 6 = \boxed{}$

㉔
$\boxed{} - 9 = 7$
$7 + 9 = \boxed{}$

㉕
$11 - \boxed{} = 9$
$11 - 9 = \boxed{}$

㉖
$\boxed{} - 5 = 8$
$8 + 5 = \boxed{}$

㉗
$13 - \boxed{} = 5$
$13 - 5 = \boxed{}$

㉘
$\boxed{} - 4 = 9$
$9 + 4 = \boxed{}$

㉙
$15 - \boxed{} = 6$
$15 - 6 = \boxed{}$

㉚
$\boxed{} - 8 = 6$
$6 + 8 = \boxed{}$

㉛
$13 - \boxed{} = 7$
$13 - 7 = \boxed{}$

㉜
$12 - 8 = \boxed{}$
$4 + 8 = \boxed{}$

㉝
$11 - \boxed{} = 8$
$11 - 8 = \boxed{}$

㉞
$\boxed{} - 9 = 5$
$5 + 9 = \boxed{}$

㉟
$18 - \boxed{} = 9$
$9 + 9 = \boxed{}$

㊱
$\boxed{} - 5 = 7$
$7 + 5 = \boxed{}$

자르는 선

❶ $3+2+8=$ ☐

❷ $18-9-4=$ ☐

❸ $2+6+6=$ ☐

❹ $12-4-3=$ ☐

❺ $3+3+9=$ ☐

❻ $16-7-3=$ ☐

❼ $7+1+7=$ ☐

❽ $15-6-2=$ ☐

❾ $3+5+7=$ ☐

❿ $11-4-3=$ ☐

⓫ $3+4+5=$ ☐

⓬ $11-5-4=$ ☐

⓭ $8+1+5=$ ☐

⓮ $13-5-2=$ ☐

⓯ $5+4+8=$ ☐

⓰ $11-7-1=$ ☐

⓱ $7+2+2=$ ☐

⓲ $16-8-1=$ ☐

⓳ $6+2+8=$ ☐

⓴ $12-7-4=$ ☐

㉑ $9+2-7=\boxed{}$

㉒ $11-2+7=\boxed{}$

㉓ $9+5-8=\boxed{}$

㉔ $11-3+9=\boxed{}$

㉕ $8+5-6=\boxed{}$

㉖ $12-5+9=\boxed{}$

㉗ $7+9-8=\boxed{}$

㉘ $13-5+4=\boxed{}$

㉙ $6+8-7=\boxed{}$

㉚ $14-8+7=\boxed{}$

㉛ $3+9-5=\boxed{}$

㉜ $16-7+5=\boxed{}$

㉝ $5+6-9=\boxed{}$

㉞ $17-8+6=\boxed{}$

㉟ $9+3-9=\boxed{}$

㊱ $18-9+7=\boxed{}$

㊲ $8+3-9=\boxed{}$

㊳ $11-5+8=\boxed{}$

㊴ $7+4-8=\boxed{}$

㊵ $12-7+8=\boxed{}$

문해결 연산

① $6+1+\boxed{}=13$

② $\boxed{}-5-3=4$

③ $4+5+\boxed{}=18$

④ $\boxed{}-9-3=5$

⑤ $5+2+\boxed{}=12$

⑥ $\boxed{}-4-6=3$

⑦ $4+4+\boxed{}=16$

⑧ $\boxed{}-8-1=7$

⑨ $6+1+\boxed{}=11$

⑩ $\boxed{}-7-3=1$

⑪ $2+7+\boxed{}=14$

⑫ $\boxed{}-6-2=6$

⑬ $4+2+\boxed{}=13$

⑭ $\boxed{}-9-1=8$

⑮ $8+1+\boxed{}=17$

⑯ $\boxed{}-8-2=4$

⑰ $6+3+\boxed{}=18$

⑱ $\boxed{}-7-2=4$

⑲ $5+2+\boxed{}=15$

⑳ $\boxed{}-9-3=3$

㉑ $7+7-\boxed{}=6$

㉒ $12-7+\boxed{}=13$

㉓ $6+9-\boxed{}=7$

㉔ $13-4+\boxed{}=17$

㉕ $4+7-\boxed{}=5$

㉖ $14-9+\boxed{}=11$

㉗ $9+4-\boxed{}=8$

㉘ $15-8+\boxed{}=14$

㉙ $8+4-\boxed{}=9$

㉚ $16-8+\boxed{}=11$

㉛ $8+7-\boxed{}=6$

㉜ $17-9+\boxed{}=16$

㉝ $7+5-\boxed{}=8$

㉞ $18-9+\boxed{}=11$

㉟ $6+6-\boxed{}=3$

㊱ $11-7+\boxed{}=13$

㊲ $5+8-\boxed{}=6$

㊳ $12-4+\boxed{}=11$

㊴ $3+9-\boxed{}=7$

㊵ $13-7+\boxed{}=15$

자르는 선

8주 문장이 있는 덧셈과 뺄셈

① 꽃밭에 장미꽃 **8**송이와 튤립 **7**송이가 있습니다. 꽃은 모두 몇 송이 입니까?

$$\boxed{} + \boxed{} = \boxed{} \text{(송이)}$$

② 민주네 반에는 안경을 낀 남학생이 **9**명, 안경을 낀 여학생이 **6**명입니다. 민주네 반에 안경을 낀 학생은 모두 몇 명입니까?

$$\boxed{} + \boxed{} = \boxed{} \text{(명)}$$

③ 지웅이는 지난주에는 **6**일 동안 아침 운동을 하였고, 이번 주에는 **5**일 동안 아침 운동을 하였습니다. 지웅이는 지난주와 이번 주에 아침 운동을 모두 며칠 하였습니까?

$$\boxed{} + \boxed{} = \boxed{} \text{(일)}$$

④ 동물병원에 고양이가 **6**마리 있습니다. 강아지는 고양이보다 **8**마리 더 많습니다. 강아지는 모두 몇 마리 있습니까?

$$\boxed{} + \boxed{} = \boxed{} \text{(마리)}$$

⑤ 진호네 집에는 동화책이 **7**권 있습니다. 위인전은 동화책보다 **9**권이 더 많습니다. 위인전은 몇 권 있습니까?

$$\boxed{} + \boxed{} = \boxed{} \text{(권)}$$

❻ 주차장에 차가 **12**대 있었는데, 그중에서 **7**대가 나갔습니다. 남은 차는 몇 대입니까?

□ – □ = □ (대)

❼ 성수는 종이학을 **11**개 가지고 있습니다. 친구에게 종이학을 **4**개 주면 성수에게 남은 종이학은 몇 개입니까?

□ – □ = □ (개)

❽ 색종이가 **15**장 있습니다. 그중에서 **9**장을 사용했습니다. 사용하지 않은 색종이는 몇 장입니까?

□ – □ = □ (장)

❾ 집에 편지가 **11**통, 소포가 **2**개 왔습니다. 편지는 소포보다 몇 통 더 많이 왔습니까?

□ – □ = □ (통)

❿ 성민이는 우표를 **17**장, 정호는 **9**장을 샀습니다. 성민이는 정호보다 우표를 얼마나 더 많이 샀습니까?

□ – □ = □ (장)

자르는 선

정 답

1주 (십 몇)에서 빼기
1~2쪽

❶ 5 ❷ 6 ❸ 4 ❹ 7 ❺ 7 ❻ 4 ❼ 3 ❽ 5 ❾ 9 ❿ 8 ⓫ 8 ⓬ 8
⓭ 9 ⓮ 6 ⓯ 6 ⓰ 9 ⓱ 5 ⓲ 7 ⓳ 7 ⓴ 6 ㉑ 4 ㉒ 9 ㉓ 9 ㉔ 6
㉕ 8 ㉖ 9 ㉗ 9 ㉘ 6 ㉙ 4 ㉚ 8 ㉛ 8 ㉜ 2 ㉝ 9 ㉞ 9 ㉟ 9 ㊱ 3
㊲ 9 ㊳ 6 ㊴ 7 ㊵ 7 ㊶ 5 ㊷ 7 ㊸ 8 ㊹ 8 ㊺ 4 ㊻ 4 ㊼ 8 ㊽ 7
㊾ 9 ㊿ 9 51 7 52 7

2주 □가 있는 뺄셈
3~4쪽

❶ 9 ❷ 8 ❸ 8 ❹ 9 ❺ 9 ❻ 7 ❼ 9 ❽ 9 ❾ 3 ❿ 7 ⓫ 3 ⓬ 7
⓭ 9 ⓮ 6 ⓯ 9 ⓰ 6 ⓱ 8 ⓲ 8 ⓳ 9 ⓴ 5 ㉑ 6 ㉒ 9 ㉓ 6 ㉔ 7
㉕ 6 ㉖ 8 ㉗ 8 ㉘ 4 ㉙ 7 ㉚ 6 ㉛ 5 ㉜ 8 ㉝ 7 ㉞ 3 ㉟ 7 ㊱ 5
㊲ 9 ㊳ 2 ㊴ 5 ㊵ 6 ㊶ 6 ㊷ 4 ㊸ 9 ㊹ 7 ㊺ 7 ㊻ 9 ㊼ 5 ㊽ 5
㊾ 3 ㊿ 9 51 8 52 4

3주 두 수의 차
5~6쪽

❶ 8 ❷ 8 ❸ 6 ❹ 6 ❺ 5 ❻ 6 ❼ 7 ❽ 9 ❾ 7 ❿ 8 ⓫ 9 ⓬ 4
⓭ 9 ⓮ 7 ⓯ 5 ⓰ 8 ⓱ 2 ⓲ 9 ⓳ 9 ⓴ 7 ㉑ 7 ㉒ 6 ㉓ 5 ㉔ 4
㉕ 8 ㉖ 8 ㉗ 8 ㉘ 4 ㉙ 8 ㉚ 8 ㉛ 9 ㉜ 6 ㉝ 3 ㉞ 9 ㉟ 6 ㊱ 9
㊲ 8 ㊳ 7 ㊴ 9 ㊵ 7

4주 덧셈구구와 뺄셈구구 (1)
7~8쪽

❶ 11,11,8,3 ❷ 11,11,7,4 ❸ 17,17,9,8 ❹ 16,16,9,7 ❺ 13,13,7,6 ❻ 12,12,9,3
❼ 12,12,8,4 ❽ 15,15,9,6 ❾ 15,15,8,7 ❿ 13,13,8,5 ⓫ 13,13,9,4 ⓬ 12,12,7,5
⓭ 11,11,6,5 ⓮ 14,14,8,6 ⓯ 14,14,9,5 ⓰ 11,11,9,2 ⓱ 12,6 ⓲ 14,7
⓳ 18,9 ⓴ 16,8

5주 덧셈구구와 뺄셈구구 (2)
9~10쪽

❶ 5,5 ❷ 6,6 ❸ 8,8 ❹ 8,8 ❺ 9,9 ❻ 9,9 ❼ 8,8 ❽ 9,9 ❾ 9,9 ❿ 7,7 ⓫ 7,7 ⓬ 6,6
⓭ 9,9 ⓮ 7,7 ⓯ 7,7 ⓰ 5,5 ⓱ 7,7 ⓲ 9,9 ⓳ 8,8 ⓴ 6,12 ㉑ 4,4 ㉒ 11,11 ㉓ 8,8
㉔ 16,16 ㉕ 2,2 ㉖ 13,13 ㉗ 8,8 ㉘ 13,13 ㉙ 9,9 ㉚ 14,14 ㉛ 6,6
㉜ 4,12 ㉝ 3,3 ㉞ 14,14 ㉟ 9,18 ㊱ 12,12

6주 세 수의 덧셈과 뺄셈
11~12쪽

❶ 13 ❷ 5 ❸ 14 ❹ 5 ❺ 15 ❻ 6 ❼ 15 ❽ 7 ❾ 15 ❿ 4 ⓫ 12 ⓬ 2
⓭ 14 ⓮ 6 ⓯ 17 ⓰ 3 ⓱ 11 ⓲ 7 ⓳ 16 ⓴ 1 ㉑ 4 ㉒ 16 ㉓ 6 ㉔ 17
㉕ 7 ㉖ 16 ㉗ 8 ㉘ 12 ㉙ 7 ㉚ 13 ㉛ 7 ㉜ 14 ㉝ 2 ㉞ 15 ㉟ 3 ㊱ 16
㊲ 2 ㊳ 14 ㊴ 3 ㊵ 13

7주 문해결 연산
13~14쪽

❶ 6 ❷ 12 ❸ 9 ❹ 17 ❺ 5 ❻ 13 ❼ 8 ❽ 16 ❾ 4 ❿ 11 ⓫ 5 ⓬ 14
⓭ 7 ⓮ 18 ⓯ 8 ⓰ 14 ⓱ 9 ⓲ 13 ⓳ 8 ⓴ 15 ㉑ 8 ㉒ 8 ㉓ 8 ㉔ 8
㉕ 6 ㉖ 6 ㉗ 5 ㉘ 7 ㉙ 3 ㉚ 3 ㉛ 9 ㉜ 8 ㉝ 4 ㉞ 2 ㉟ 9 ㊱ 9
㊲ 7 ㊳ 3 ㊴ 5 ㊵ 9

8주 문장이 있는 덧셈과 뺄셈
15~16쪽

❶ 8,7,15 ❷ 9,6,15 ❸ 6,5,11 ❹ 6,8,14 ❺ 7,9,16 ❻ 12,7,5
❼ 11,4,7 ❽ 15,9,6 ❾ 11,2,9 ❿ 17,9,8

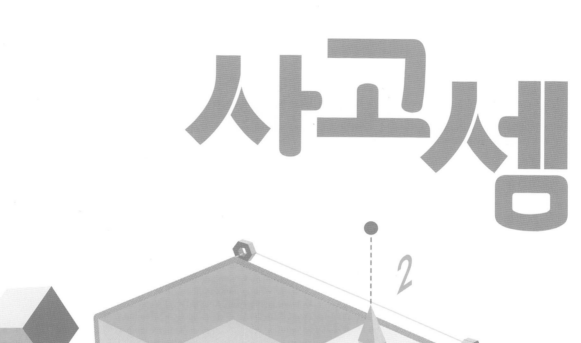

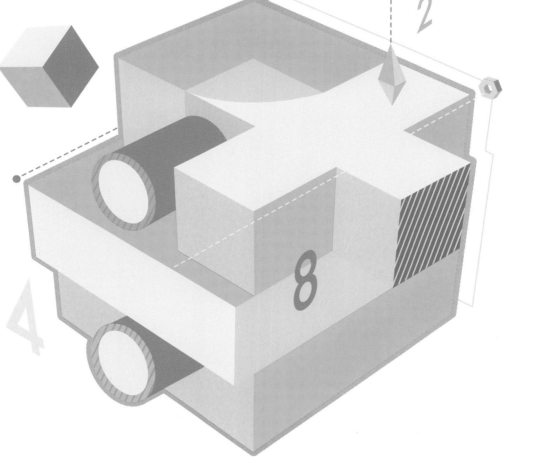

사고셈

초등1 2호

이 책의 구성과 특징

생각의 힘을 키우는 사고(思考)셈은 1주 4개, 8주 32개의 사고력 유형 학습을 통해 수와 연산에 대한 개념의
응용력(추론 및 문제해결능력)을 키울 수 있도록 하였습니다.

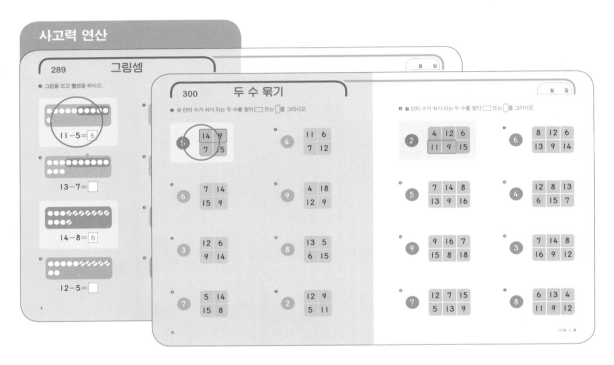

❖ 대표 사고력 유형으로 연산 원리를 쉽게쉽게
❖ 1~4일차: 다양한 유형의 주 진도 학습

❖ 5일차 점검 학습: 주 진도 학습 확인

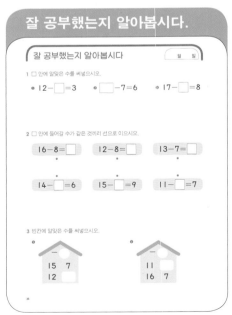

기본연산 Check-Book

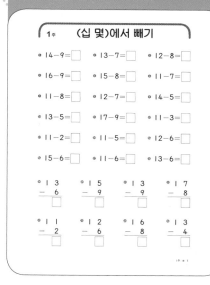

1주 (십 몇)에서 빼기

- 14−9=☐
- 13−7=☐
- 12−8=☐
- 16−9=☐
- 15−8=☐
- 11−7=☐
- 11−8=☐
- 12−7=☐
- 14−5=☐
- 13−5=☐
- 17−9=☐
- 11−3=☐
- 11−2=☐
- 11−5=☐
- 12−6=☐
- 15−6=☐
- 11−6=☐
- 13−6=☐

```
● 1 3      ● 1 5      ● 1 3      ● 1 7
  −  6       −  9       −  9       −  8
  ☐          ☐          ☐          ☐

● 1 1      ● 1 2      ● 1 6      ● 1 3
  −  2       −  6       −  8       −  4
  ☐          ☐          ☐          ☐
```

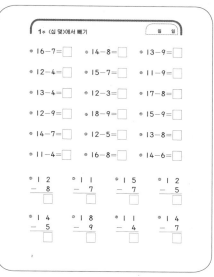

1주 (십 몇)에서 빼기   월 일

- 16−7=☐
- 14−8=☐
- 13−9=☐
- 12−4=☐
- 15−7=☐
- 11−9=☐
- 13−4=☐
- 12−3=☐
- 17−8=☐
- 12−9=☐
- 18−9=☐
- 15−9=☐
- 14−7=☐
- 12−5=☐
- 13−8=☐
- 11−4=☐
- 16−8=☐
- 14−6=☐

```
● 1 2      ● 1 1      ● 1 5      ● 1 2
  −  8       −  7       −  7       −  5
  ☐          ☐          ☐          ☐

● 1 4      ● 1 8      ● 1 1      ● 1 4
  −  5       −  9       −  4       −  7
  ☐          ☐          ☐          ☐
```

✚ 본 학습 전 기본연산 실력 진단

Guide Book (정답 및 해설)

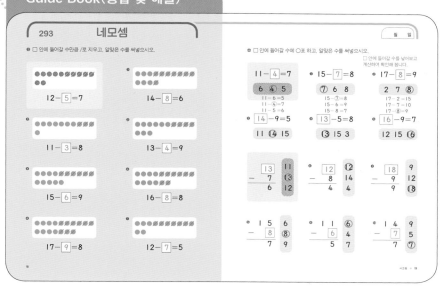

| 293 | 네모셈 |

✚ 문제와 답을 한 눈에!

✚ 상세한 풀이와 친절한 해설, 답

학습 효과 및 활용법

 학습 효과

수학적 사고력 향상

스스로 생각을 만드는 직관 학습

연산의 원리 이해

다양한 유형으로 수 조작력 향상

생각의 다양성 향상

추론능력, 문제해결력 향상

수·연산 영역 완벽 대비

진도 학습 및 점검 학습으로
연산 학습 완성

사고셈

 주차별 활용법

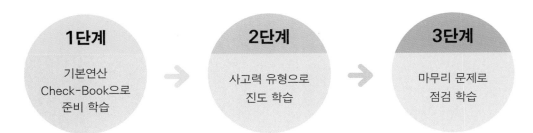

1단계
기본연산
Check-Book으로
준비 학습

2단계
사고력 유형으로
진도 학습

3단계
마무리 문제로
점검 학습

1단계 : 기본연산 Check-Book으로 사고력 연산을 위한 준비 학습을 합니다.

2단계 : 사고력 유형으로 사고력 연산의 진도 학습을 합니다.

3단계 : 한 주마다 점검 학습(잘 공부했는지 알아봅시다)으로 사고력 향상을 확인합니다.

학습 구성

이 책의 **학습 로드맵**

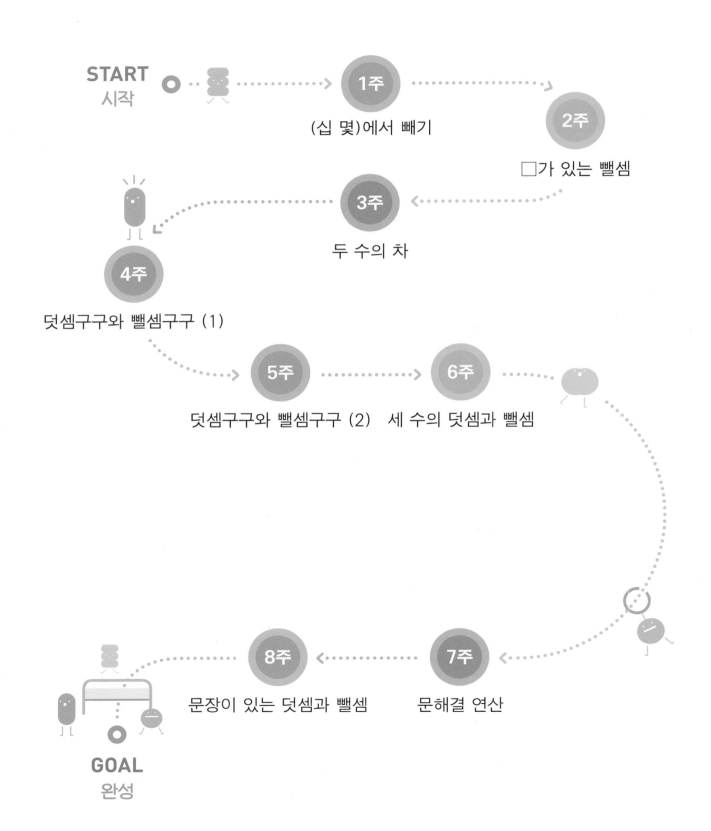

START
시작

1주
(십 몇)에서 빼기

2주
□가 있는 뺄셈

3주
두 수의 차

4주
덧셈구구와 뺄셈구구 (1)

5주
덧셈구구와 뺄셈구구 (2)

6주
세 수의 덧셈과 뺄셈

7주
문해결 연산

8주
문장이 있는 덧셈과 뺄셈

GOAL
완성

1

(십 몇)에서 빼기

그림셈

● 그림을 보고 뺄셈을 하시오.

$11 - 5 = \boxed{6}$

❶

$12 - 7 = \boxed{}$

❷

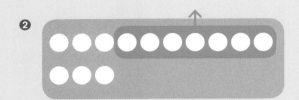

$13 - 7 = \boxed{}$

❸

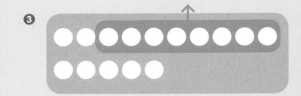

$15 - 8 = \boxed{}$

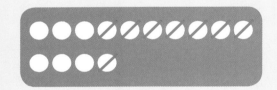

$14 - 8 = \boxed{6}$

❹

$16 - 7 = \boxed{}$

❺

$12 - 5 = \boxed{}$

❻

$11 - 3 = \boxed{}$

● 그림을 보고 빈칸에 알맞은 수를 써넣으시오.

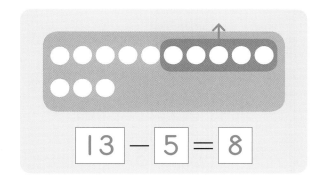

$$13 - 5 = 8$$

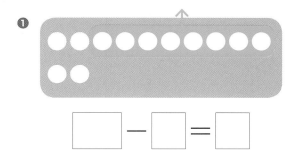

❶

□ − □ = □

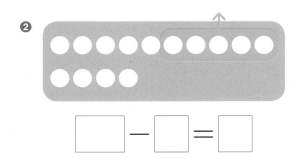

❷

□ − □ = □

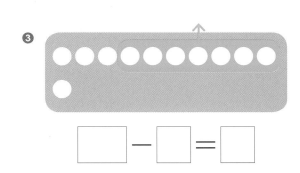

❸

□ − □ = □

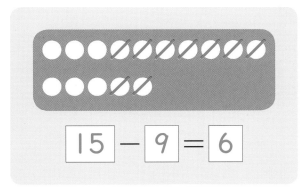

$$15 - 9 = 6$$

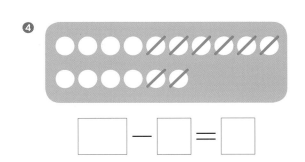

❹

□ − □ = □

❺

□ − □ = □

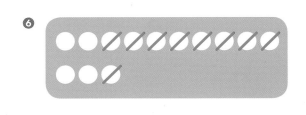

❻

□ − □ = □

가르기 뺄셈

● □ 안에 알맞은 수를 써넣으시오.

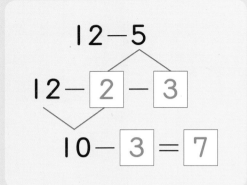

12−5

12− 2 − 3

10− 3 = 7

15−7

5 + 10 − 7

5 +3= 8

❶   13−4

13− □ − □

10− □ = □

❷   11−5

□ + □ −5

□ +5= □

❸   17−9

17− □ − □

10− □ = □

❹   14−6

□ + □ −6

□ +4= □

✚ ☐ 안에 알맞은 수를 써넣으시오.

$14-7=\boxed{7}$
$14-\boxed{4}-3$

❶ $11-6=\square$
$11-\square-5$

❷ $12-8=\square$
$12-\square-6$

❸ $16-8=\square$
$16-\square-2$

❹ $13-9=\square$
$13-\square-6$

❺ $14-6=\square$
$14-\square-2$

$13-6=\boxed{7}$
$3+\boxed{10}-6$

❻ $15-9=\square$
$5+\square-9$

❼ $14-8=\square$
$\square+10-8$

❽ $12-4=\square$
$2+\square-4$

❾ $16-7=\square$
$6+\square-7$

❿ $11-3=\square$
$\square+10-3$

갈림길

◑ 계산에 맞게 선을 그으시오.

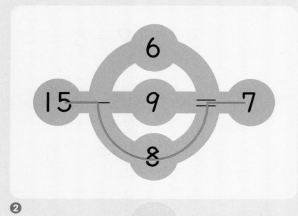

6
15 — 9 = 7
8

❶
2
11 — 3 = 9
6

❷
4
12 — 6 = 6
5

❸
5
14 — 7 = 6
8

❹
4
13 — 5 = 8
7

❺
9
16 — 7 = 7
6

❻
9
17 — 8 = 9
7

❼
5
15 — 7 = 8
8

계산에 맞게 빈칸에 알맞은 수를 써넣으시오.

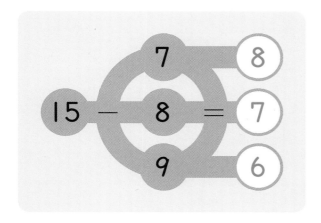

❶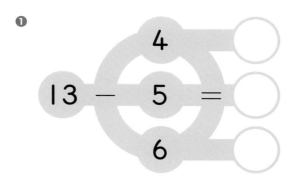

❷

$$12 - \begin{matrix} 3 \\ 7 \\ 8 \end{matrix} = \bigcirc$$

❸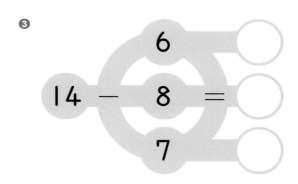

❹

$$11 - \begin{matrix} 5 \\ 8 \\ 7 \end{matrix} = \bigcirc$$

❺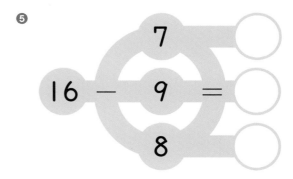

숫자 카드 가로셈

● 숫자 카드를 모두 사용하여 뺄셈식 두 개를 만드시오.

5	8	1	3	→	1 3 − 5 = 8
					1 3 − 8 = 5

❶ 2 5 7 1 → ☐☐ − ☐ = ☐
              ☐☐ − ☐ = ☐

❷ 1 3 4 9 → ☐☐ − ☐ = ☐
              ☐☐ − ☐ = ☐

❸ 7 5 8 1 → ☐☐ − ☐ = ☐
              ☐☐ − ☐ = ☐

❹ 6 1 8 4 → ☐☐ − ☐ = ☐
              ☐☐ − ☐ = ☐

✚ 숫자 카드를 모두 사용하여 뺄셈식 두 개를 만드시오.

| 5 | 7 | 2 | 1 | → | 12−5=7, 12−7=5 |

❶ 7 1 9 6 →

❷ 9 4 3 1 →

❸ 5 4 9 1 →

❹ 8 9 7 1 →

❺ 2 9 3 1 →

잘 공부했는지 알아봅시다

1 ☐ 안에 알맞은 수를 써넣으시오.

❶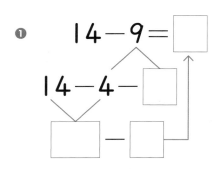

❷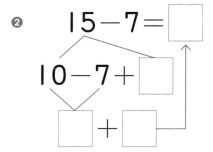

2 빈칸에 알맞은 수를 써넣으시오.

❶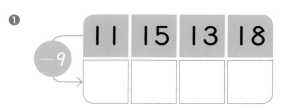

❷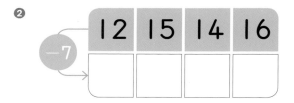

3 숫자 카드를 모두 사용하여 뺄셈식을 완성하시오.

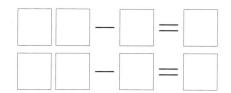

2 □가 있는 뺄셈

네모셈

● □ 안에 들어갈 수만큼 /로 지우고, 알맞은 수를 써넣으시오.

$12 - \boxed{5} = 7$

❶

$14 - \boxed{} = 6$

❷

$11 - \boxed{} = 8$

❸

$13 - \boxed{} = 9$

❹

$15 - \boxed{} = 9$

❺

$16 - \boxed{} = 8$

❻

$17 - \boxed{} = 8$

❼

$12 - \boxed{} = 5$

➕ □ 안에 들어갈 수에 ○표 하고, 알맞은 수를 써넣으시오.

$11 - \boxed{4} = 7$

6 ④ 5

❶ $15 - \square = 8$

7 6 8

❷ $17 - \square = 9$

2 7 8

❸ $\square - 9 = 5$

11 14 15

❹ $\square - 5 = 8$

13 15 3

❺ $\square - 9 = 7$

12 15 16

$$\begin{array}{r} \boxed{13} \\ -7 \\ \hline 6 \end{array}$$

11
⑬
12

❻
$$\begin{array}{r} \square \\ -8 \\ \hline 4 \end{array}$$

12
14
4

❼
$$\begin{array}{r} \square \\ -9 \\ \hline 9 \end{array}$$

9
12
18

❽
$$\begin{array}{r} 15 \\ -\square \\ \hline 7 \end{array}$$

6
8
9

❾
$$\begin{array}{r} 11 \\ -\square \\ \hline 5 \end{array}$$

6
4
7

❿
$$\begin{array}{r} 14 \\ -\square \\ \hline 7 \end{array}$$

9
5
7

수직선

● 수직선을 보고 빈칸에 알맞은 수를 써넣으시오.

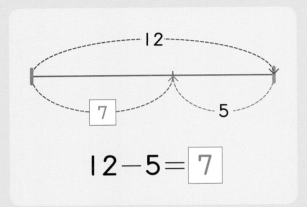

$$12-5=\boxed{7}$$

❶

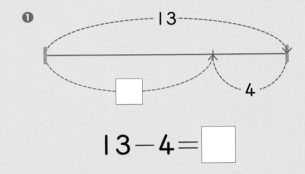

$$13-4=\boxed{}$$

❷

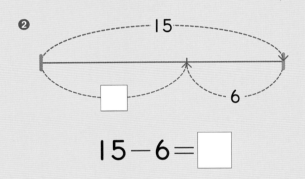

$$15-6=\boxed{}$$

❸

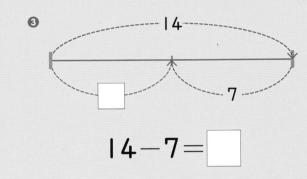

$$14-7=\boxed{}$$

❹

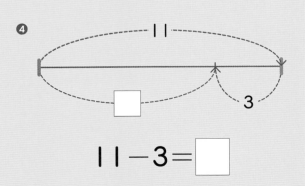

$$11-3=\boxed{}$$

❺

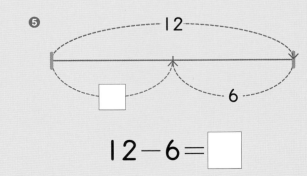

$$12-6=\boxed{}$$

✚ 수직선을 보고 빈칸에 알맞은 수를 써넣으시오.

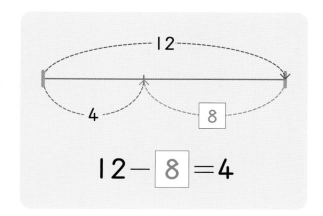

$$12 - \boxed{8} = 4$$

①

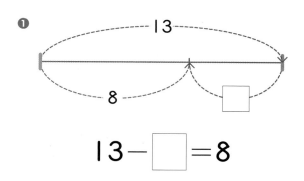

$$13 - \boxed{} = 8$$

②

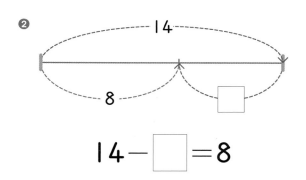

$$14 - \boxed{} = 8$$

③

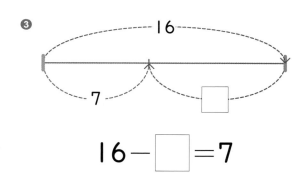

$$16 - \boxed{} = 7$$

④

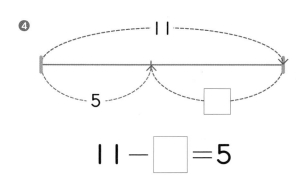

$$11 - \boxed{} = 5$$

⑤

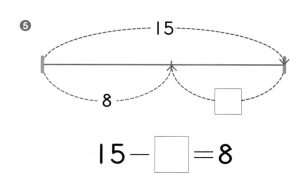

$$15 - \boxed{} = 8$$

사탕셈

● 위에서 아래로, 왼쪽에서 오른쪽으로 뺄셈을 하시오.

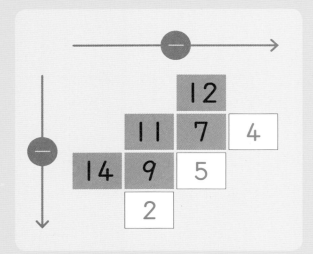

①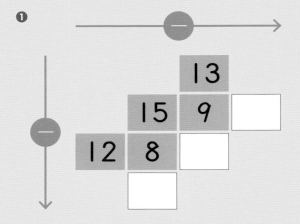

②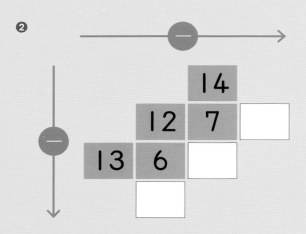

③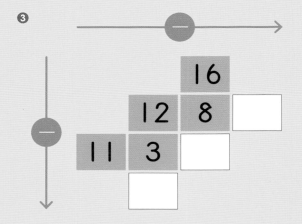

④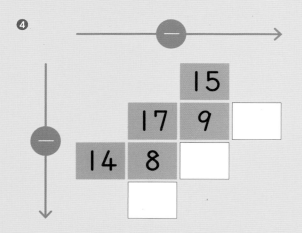

⑤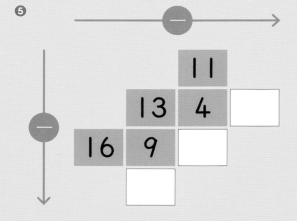

● 빈칸에 알맞은 수를 써넣으시오.

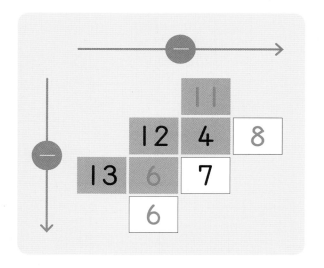

①

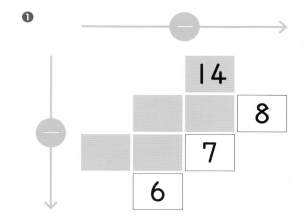

②

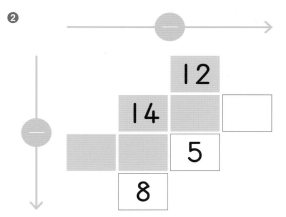

③

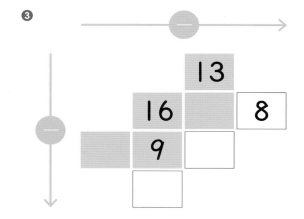

④

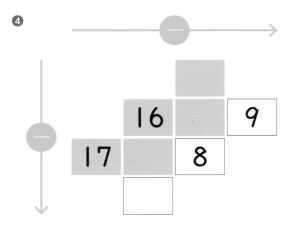

⑤

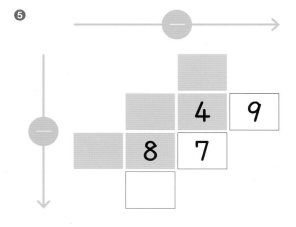

뺄셈표

● 뺄셈표의 빈칸에 알맞은 수를 써넣으시오.

−	9	7	8
11	2	4	3
13	4	6	5
14	5	7	6

❶

−	8	7	6
12			
14			
15			

❷

−	5	6	9
12			
14			
11			

❸

−	7	9	8
15			
16			
13			

❹

−	4	7	5
13			
11			
12			

❺

−	9	8	7
11			
14			
16			

➕ 뺄셈표의 빈칸에 알맞은 수를 써넣으시오.

−	7	6	4
13	6	7	9
11	4	5	7
12	5	6	8

❶

−		5	
	6	7	
14			5
			4

❷

−	9		
16		9	
	6		
14			6

❸

−			6
			7
12		8	
	3		5

❹

−		7	
		7	
12			
13	7		8

❺

−		9	
11	5		4
		5	
	9		

1 □ 안에 알맞은 수를 써넣으시오.

❶ $12 - \boxed{} = 3$ ❷ $\boxed{} - 7 = 6$ ❸ $17 - \boxed{} = 8$

2 □ 안에 들어갈 수가 같은 것끼리 선으로 이으시오.

$16 - 8 = \boxed{}$ $12 - 8 = \boxed{}$ $13 - 7 = \boxed{}$

•   •   •

•   •   •

$14 - \boxed{} = 6$ $15 - \boxed{} = 9$ $11 - \boxed{} = 7$

3 빈칸에 알맞은 수를 써넣으시오.

❶

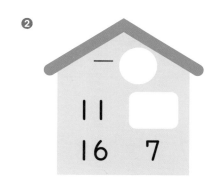

15   7
12   □

❷

−

11   □
16   7

3 두 수의 차

원판셈

● 안쪽 수에서 바깥쪽 수를 빼어 빈칸에 알맞은 수를 써넣으시오.

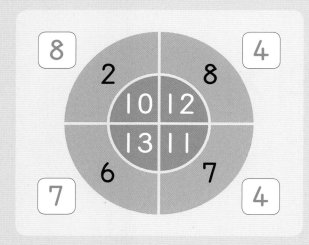

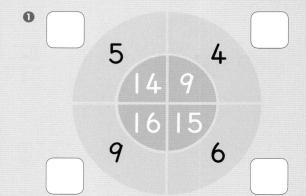

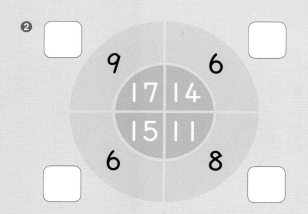

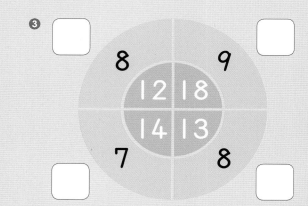

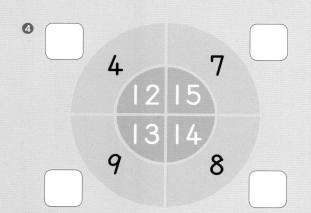

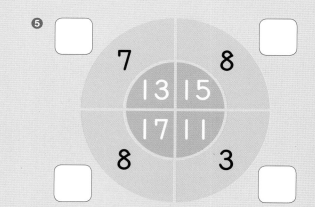

◆ 빈칸에 알맞은 수를 써넣으시오.

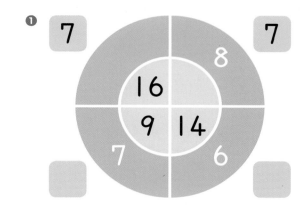

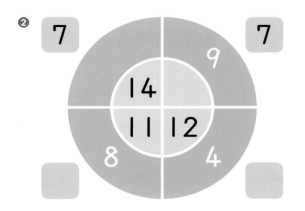

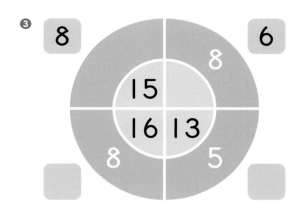

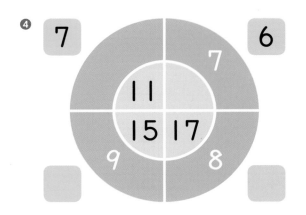

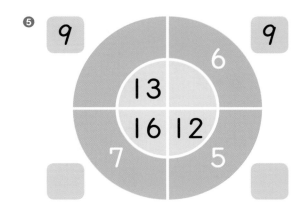

성문 막기

● 관계 있는 것끼리 선으로 이으시오.

보기 −4

10   8
12   9
13   6

① −2

11   9
9   7
10   8

② −6

13   9
15   7
12   6

③ −3

11   9
10   8
12   7

④ −5

14   8
11   6
13   9

⑤ −7

13   7
14   5
12   6

⑥ −8

14   3
11   6
16   8

⑦ −9

13   8
12   3
17   4

⑧ −4

11   9
12   7
13   8

✚ ○ 안에 알맞은 수를 쓰고 나머지 선 두 개를 그으시오.

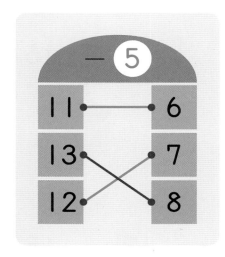

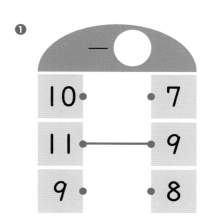

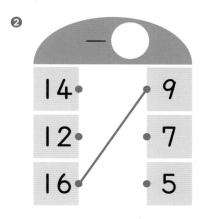

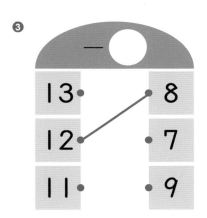

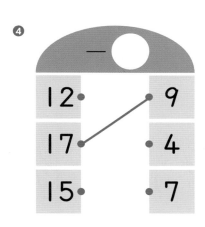

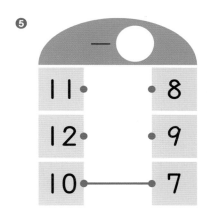

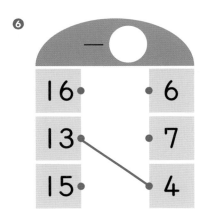

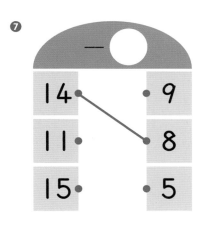

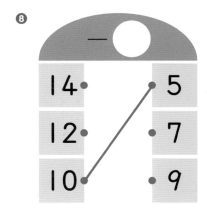

역피라미드

● 아래의 수는 위 두 수의 차입니다. 빈칸에 알맞은 수를 써넣으시오.

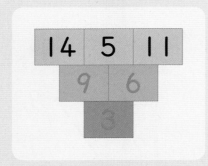

①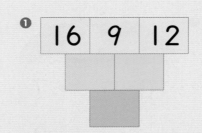

②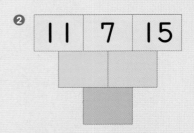

③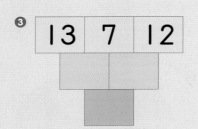

④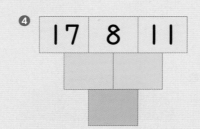

⑤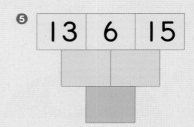

⑥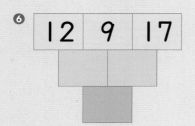

⑦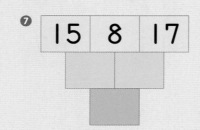

⑧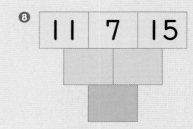

⑨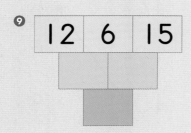

⑩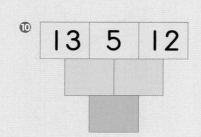

⑪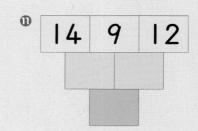

➕ 아래의 수는 위 두 수의 차입니다. 빈칸에 알맞은 수를 써넣으시오.

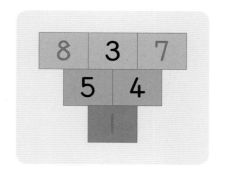

❶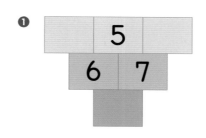

❷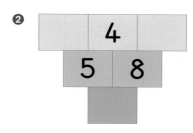

❸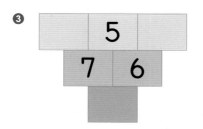

❹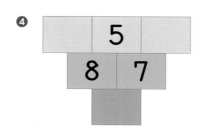

❺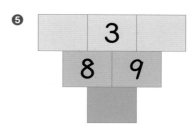

❻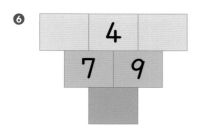

❼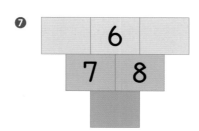

❽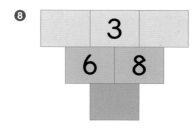

❾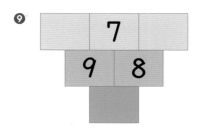

❿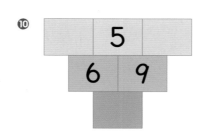

⓫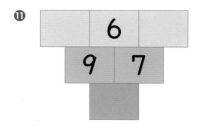

두 수 묶기

● ◖ ● 안의 수가 차가 되는 두 수를 찾아 ⬭ 또는 ▯ 를 그리시오.

5

14	9
7	15

❶ 4

11	6
7	12

❷ 6

7	14
15	9

❸ 9

4	18
12	9

❹ 3

12	6
9	14

❺ 8

13	5
6	15

❻ 7

5	14
15	8

❼ 2

12	9
5	11

✛ ● 안의 수가 차가 되는 두 수를 찾아 ⬚ 또는 ▯를 그리시오.

2

4	12	6
11	9	15

① 6

8	12	6
13	9	14

② 5

7	14	8
13	9	16

③ 4

12	8	13
6	15	7

④ 9

9	16	7
15	8	18

⑤ 3

7	14	8
16	9	12

⑥ 7

12	7	15
5	13	9

⑦ 8

6	13	4
11	9	12

1 짝지은 두 수의 차를 구하여 빈칸에 써넣으시오.

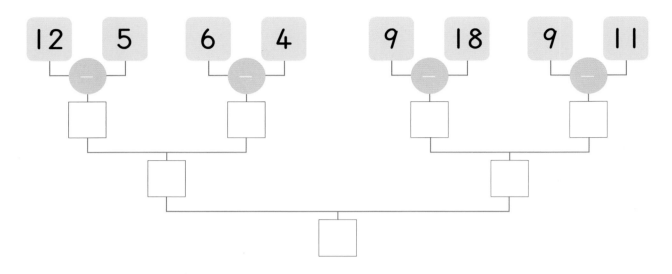

2 차가 **7**이 되는 두 수를 찾아 ○표 하시오.

> 11　3　15　7　12　5

3 계산 결과가 큰 것부터 차례로 기호를 쓰시오.

> ㉠ 12−4　　　㉡ 13−6
> ㉢ 11−9　　　㉣ 16−7

4

덧셈구구와
뺄셈구구 (1)

관계셈

● 덧셈식을 보고 뺄셈식을 두 개 만드시오.

$7+6=13$
$13-6=7$
$13-7=6$

❶ $9+3=12$

❷ $8+7=15$

❸ $4+7=11$

● 뺄셈식을 보고 덧셈식을 두 개 만드시오.

$13-5=8$
$5+8=13$
$8+5=13$

❹ $12-5=7$

❺ $15-6=9$

❻ $14-8=6$

➕ 주어진 수를 사용하여 덧셈식과 뺄셈식을 각각 두 개씩 만드시오.

$5 + 6 = 11$
$6 + 5 = 11$

$5 \ 11 \ 6$

$11 - 5 = 6$
$11 - 6 = 5$

❶
$\square + \square = \square$
$\square + \square = \square$

$8 \ 12 \ 4$

$\square - \square = \square$
$\square - \square = \square$

❷
$\square + \square = \square$
$\square + \square = \square$

$9 \ 13 \ 4$

$\square - \square = \square$
$\square - \square = \square$

❸
$\square + \square = \square$
$\square + \square = \square$

$8 \ 17 \ 9$

$\square - \square = \square$
$\square - \square = \square$

❹
$\square + \square = \square$
$\square + \square = \square$

$8 \ 14 \ 6$

$\square - \square = \square$
$\square - \square = \square$

선잇기

● □ 안에 들어갈 수가 같은 것끼리 선으로 이으시오.

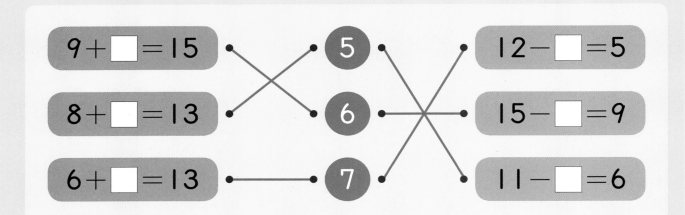

❶

$9+\square=12$	•	4	•	$13-\square=9$
$7+\square=11$	•	8	•	$11-\square=8$
$8+\square=16$	•	3	•	$14-\square=6$

❷

$7+\square=16$	•	2	•	$14-\square=5$
$9+\square=11$	•	9	•	$13-\square=8$
$7+\square=12$	•	5	•	$11-\square=9$

➕ □ 안에 들어갈 수가 같은 것끼리 선으로 이으시오.

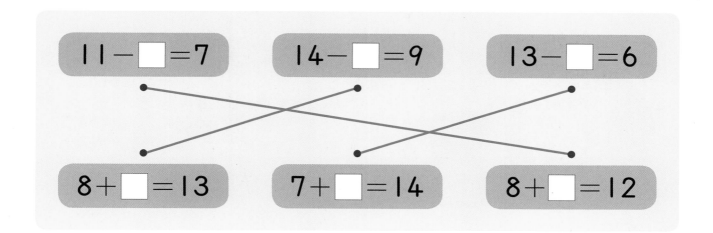

$$11 - \square = 7 \qquad 14 - \square = 9 \qquad 13 - \square = 6$$

$$8 + \square = 13 \qquad 7 + \square = 14 \qquad 8 + \square = 12$$

❶

$$12 - \square = 9 \qquad 15 - \square = 7 \qquad 14 - \square = 8$$

$$8 + \square = 11 \qquad 7 + \square = 13 \qquad 9 + \square = 17$$

❷

$$17 - \square = 8 \qquad 13 - \square = 8 \qquad 11 - \square = 9$$

$$6 + \square = 11 \qquad 4 + \square = 13 \qquad 8 + \square = 10$$

두 색깔 양궁

◑ 화살이 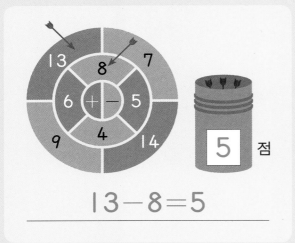 에 꽂히면 점수를 더하고, ▢ 에 꽂히면 점수를 뺍니다. 점수를 구하는 식을 쓰고 빈칸에 알맞은 수를 써넣으시오.

5 점

$$13-8=5$$

❶

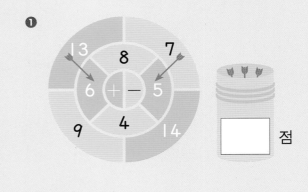

점

❷

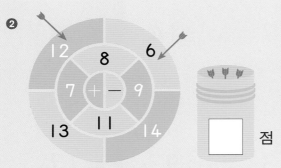

점

❸

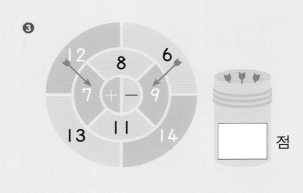

점

❹

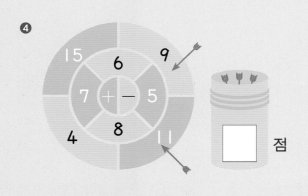

점

❺

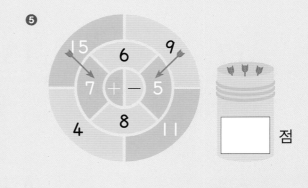

점

점수에 맞게 화살 두 개를 그리시오.

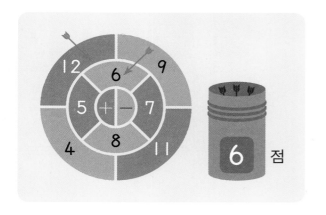

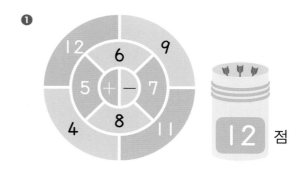

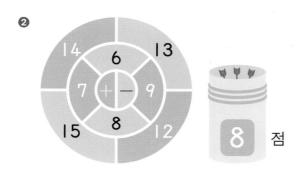

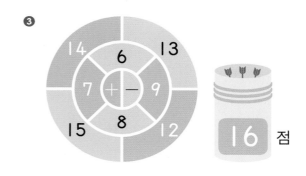

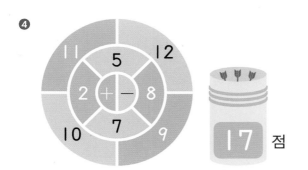

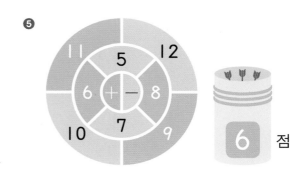

카드 관계셈

● 숫자 카드를 모두 사용하여 덧셈식 또는 뺄셈식을 완성하시오.

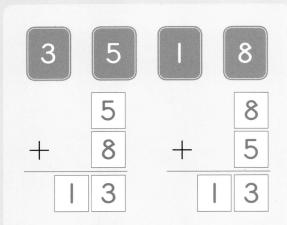

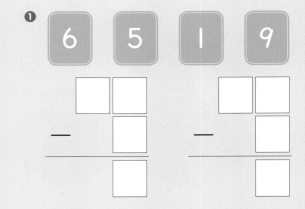

❶

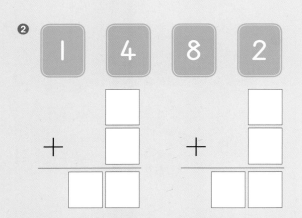

❷

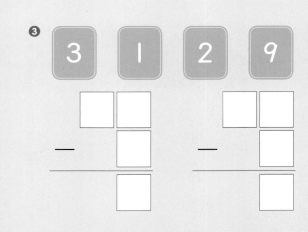

❸

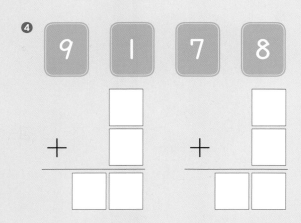

❹

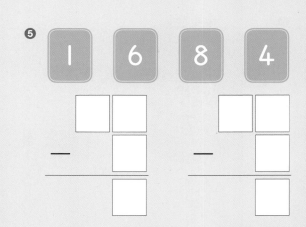

❺

⊕ 숫자 카드를 모두 사용하여 덧셈식과 뺄셈식을 각각 두 개씩 만들어 보시오.

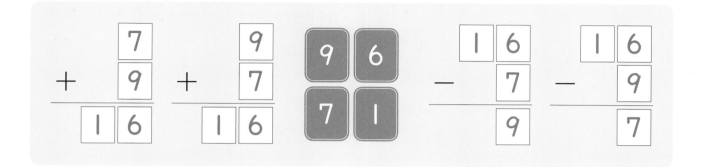

❶

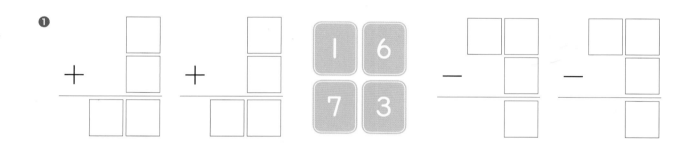

❷

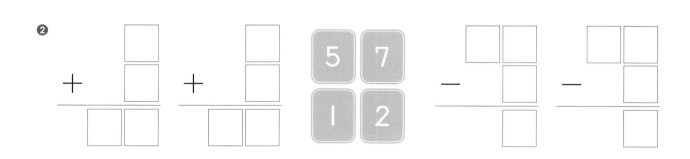

❸

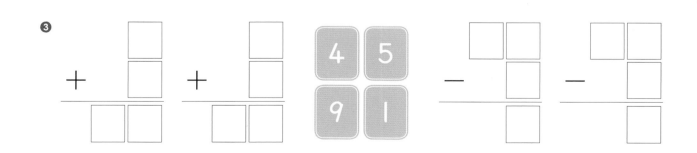

잘 공부했는지 알아봅시다

1 □ 안에 공통으로 들어가는 수를 구하시오.

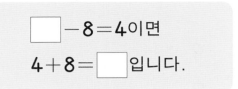

□−8=4이면
4+8=□입니다.

2 수 카드 15 , 9 , 6 을 사용하여 덧셈식과 뺄셈식을 각각 두 개씩 만드시오.

□ + □ = □   □ − □ = □

□ + □ = □   □ − □ = □

3 두 개의 판에 화살을 쏘고 있습니다. 화살에 꽂힌 곳에 쓰여 있는 수만큼 동그라미 판에서는 점수를 얻고, 네모판에서는 점수를 잃습니다. 영민이와 진호 중 누가 더 높은 점수를 얻었습니까?

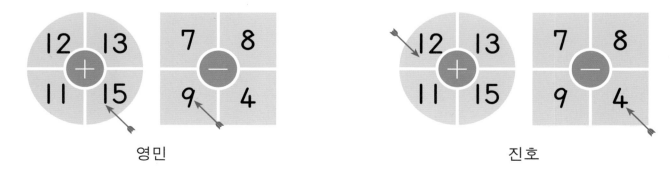

영민   진호

5 덧셈구구와
뺄셈구구 (2)

창문셈

덧셈, 뺄셈을 하여 빈칸에 알맞은 수를 써넣으시오.

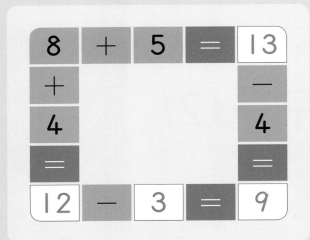

$$8 + 5 = 13$$

```
8  +  5  =  13
+           -
4           4
=           =
12 -  3  =  9
```

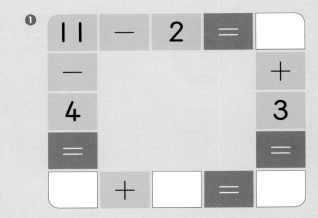

①
```
11 -  2  =  □
-           +
4           3
=           =
□  +  □  =  □
```

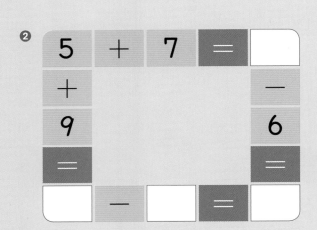

②
```
5  +  7  =  □
+           -
9           6
=           =
□  -  □  =  □
```

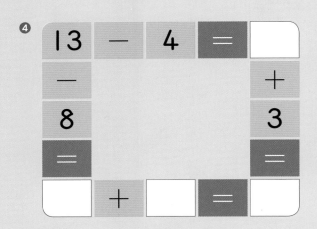

③
```
12 -  6  =  □
-           +
7           8
=           =
□  +  □  =  □
```

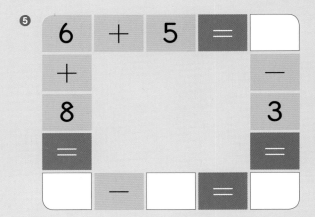

④
```
13 -  4  =  □
-           +
8           3
=           =
□  +  □  =  □
```

⑤
```
6  +  5  =  □
+           -
8           3
=           =
□  -  □  =  □
```

⊕ 빈칸에 알맞는 수 또는 ＋, −를 써넣으시오.

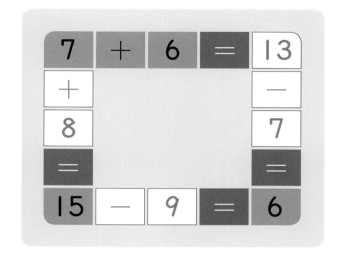

❶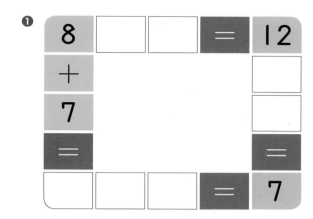

❷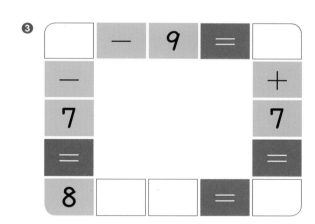

❸

❹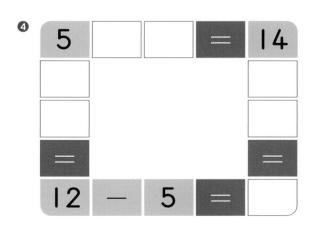

❺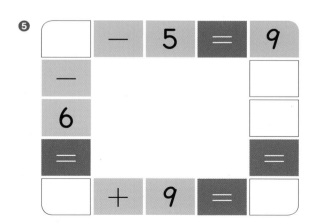

써클셈

● ⚪ 안에 알맞은 수를 써넣으시오.

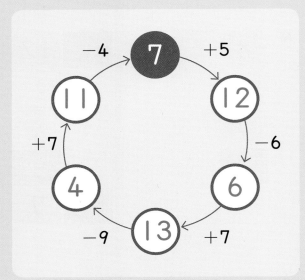

● +4 13 −5
−5   +7
+8 −9

❷ −7 5 +9
+3   −7
−6 +8

❸ +4 11 −7
−5   +9
+7 −8

❖ 빈칸을 알맞게 채우시오.

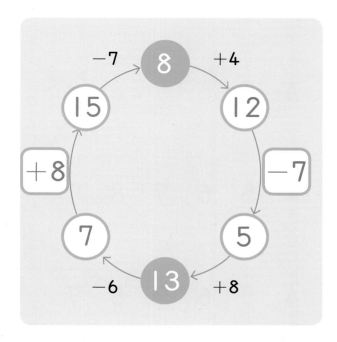

❶

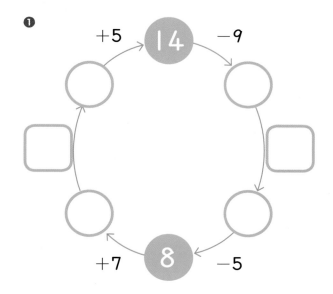

❷

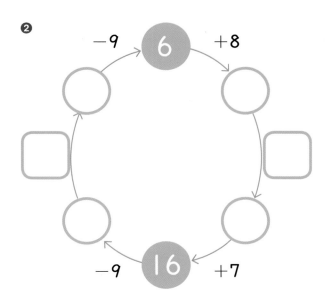

❸

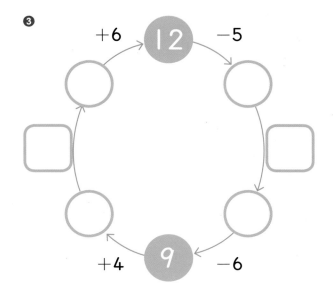

대소셈

● □ 안에 들어갈 수 있는 수에 모두 ○표 하시오.

$6+\square<13$ ① ② ③ ④ ⑤ ⑥ 7 8 9

❶ $5+\square>11$ 1 2 3 4 5 6 7 8 9

❷ $12-\square<7$ 1 2 3 4 5 6 7 8 9

❸ $11-\square>5$ 1 2 3 4 5 6 7 8 9

❹ $3+\square<11$ 1 2 3 4 5 6 7 8 9

❺ $8+\square>12$ 1 2 3 4 5 6 7 8 9

❻ $13-\square<9$ 1 2 3 4 5 6 7 8 9

✛ I에서 **9**까지의 수 중에서 □ 안에 들어갈 수 있는 수를 모두 쓰고, 가장 큰 수에
○표 하시오.

8+□<14   1 2 3 4 ⑤

❶ I4−□>7

❷ 9+□<I7

✛ I에서 **9**까지의 수 중에서 □ 안에 들어갈 수 있는 수를 모두 쓰고, 가장 작은 수
에 △표 하시오.

8+□>II   △4 5 6 7 8 9

❸ I3−□<7

❹ 7+□>I2

합차 두 수

● 두 수의 합과 차를 빈칸에 써넣으시오.

보기: 합 14 11 3 차 8

①
합 ☐ 9 7 차 ☐

②
합 ☐ 12 5 차 ☐

③
합 ☐ 8 5 차 ☐

④
합 ☐ 13 4 차 ☐

⑤
합 ☐ 8 7 차 ☐

⑥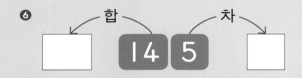
합 ☐ 14 5 차 ☐

⑦
합 ☐ 9 6 차 ☐

⑧
합 ☐ 13 6 차 ☐

⑨
합 ☐ 7 6 차 ☐

⑩
합 ☐ 11 8 차 ☐

⑪
합 ☐ 7 5 차 ☐

합과 차에 맞게 두 수를 구하여 큰 수부터 써넣으시오.

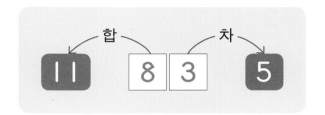

❶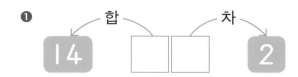

❷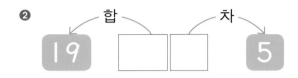

❸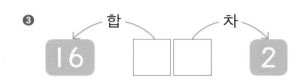

❹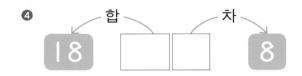

❺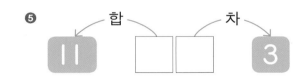

❻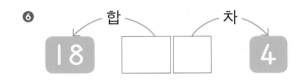

❼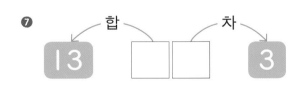

❽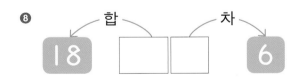

❾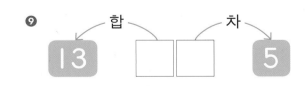

❿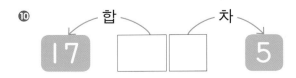

⓫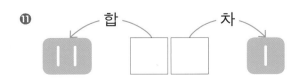

잘 공부했는지 알아봅시다

1 □ 안에 들어갈 수 있는 수 중 가장 큰 수를 구하시오.

$$6 + \square < 12$$

2 같은 모양에는 같은 수가, 다른 모양에는 다른 수가 들어갑니다. 빈칸에 알맞은 수를 써넣으시오.

❶

$$\square + \bigcirc = 11$$

$$\square - \bigcirc = 3$$

❷

$$\square + \bigcirc = 16$$

$$\square - \bigcirc = 2$$

3 영빈이와 다혜는 수 카드를 1장씩 가지고 있습니다. 두 사람이 가진 카드에 적힌 수를 더하면 13이고, 영빈이가 가진 카드에 적힌 수에서 다혜가 가진 카드에 적힌 수를 빼면 3입니다. 영빈이와 다혜가 가진 수 카드에 적힌 수는 각각 얼마입니까?

영빈 : _____   다혜 : _____

6 세 수의 덧셈과 뺄셈

사다리 타기

● 빈칸에 알맞은 수를 써넣으시오.

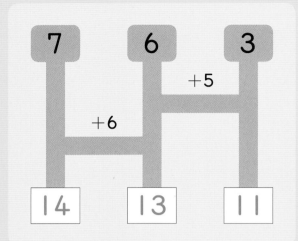

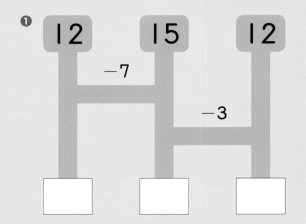

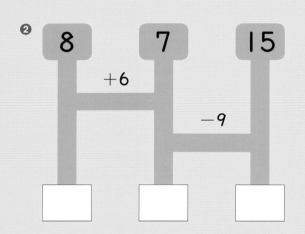

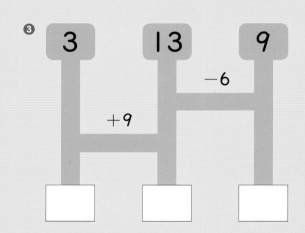

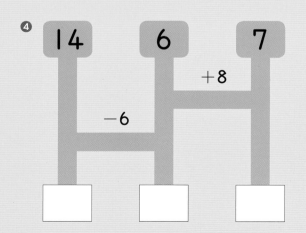

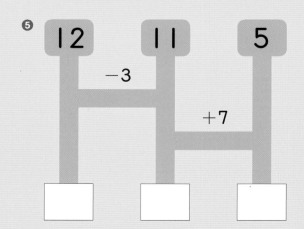

● 빈칸에 알맞은 수를 써넣으시오.

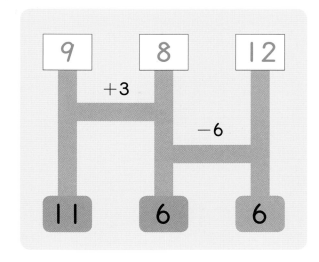

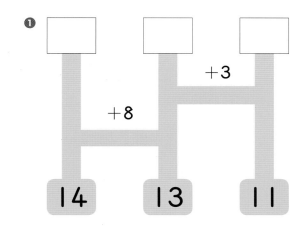

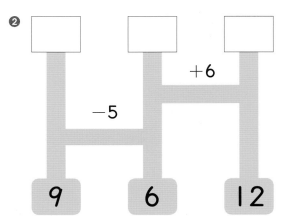

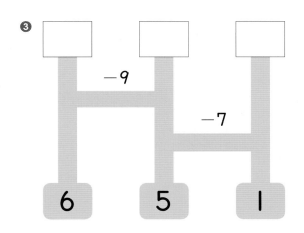

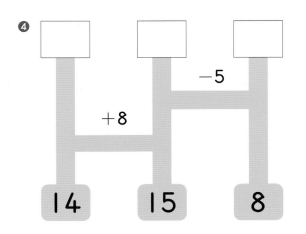

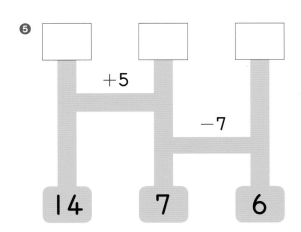

거꾸로셈

● 빈칸을 알맞게 채우시오.

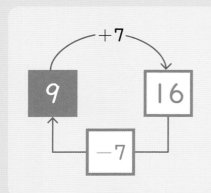

①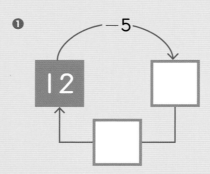

②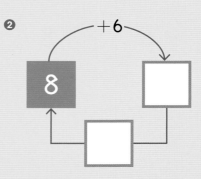

③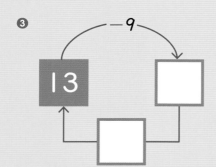

④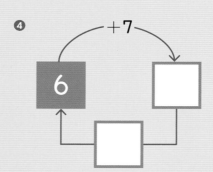

⑤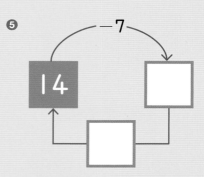

⑥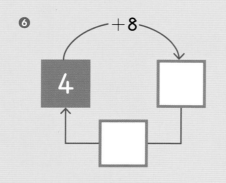

⑦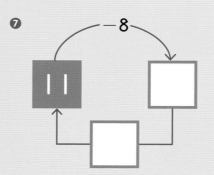

⑧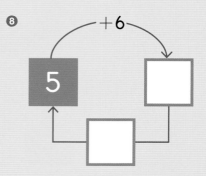

➕ 거꾸로 계산하여 빈칸에 알맞은 수를 써넣으시오.

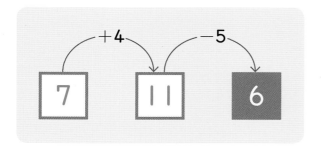

①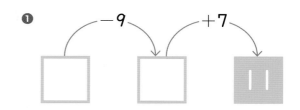

②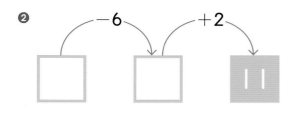

③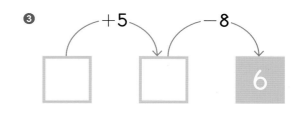

④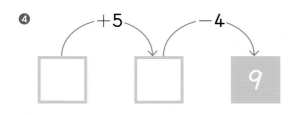

⑤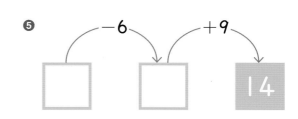

⑥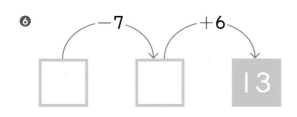

⑦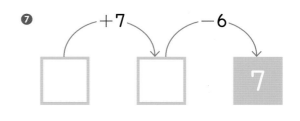

⑧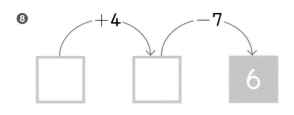

⑨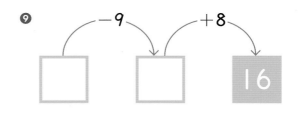

수직선

● 수직선을 보고 빈칸에 알맞은 수를 써넣으시오.

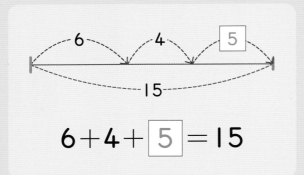

$$6+4+\boxed{5}=15$$

❶

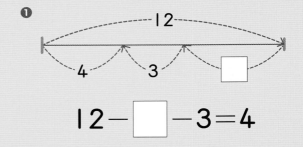

$$12-\boxed{}-3=4$$

❷

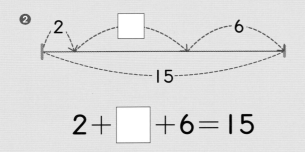

$$2+\boxed{}+6=15$$

❸

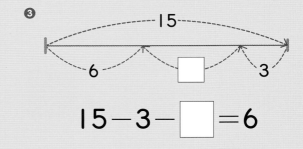

$$15-3-\boxed{}=6$$

❹

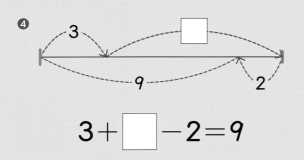

$$3+\boxed{}-2=9$$

❺

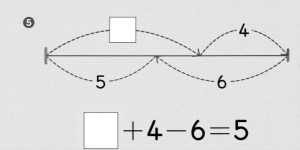

$$\boxed{}+4-6=5$$

◆ □ 안에 알맞은 수를 써넣으시오.

$$7 + 1 + \boxed{7} = 15$$

❶ $15 - 3 - \boxed{} = 8$

❷ $9 + \boxed{} + 3 = 16$

❸ $12 - \boxed{} - 2 = 3$

❹ $\boxed{} + 3 + 9 = 18$

❺ $\boxed{} - 7 - 2 = 7$

❻ $7 + \boxed{} - 8 = 5$

❼ $13 - 7 + \boxed{} = 14$

❽ $8 + 4 - \boxed{} = 6$

❾ $15 - \boxed{} + 7 = 13$

❿ $\boxed{} + 9 - 5 = 7$

⓫ $\boxed{} - 4 + 9 = 17$

⓬ $6 + 8 - \boxed{} = 7$

⓭ $14 - 5 + \boxed{} = 12$

연산자

● 계산에 맞게 선을 그으시오.

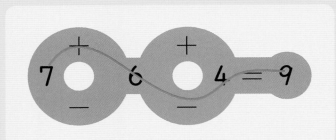

①

$$12 \quad 3 \quad 2 = 7$$

②

$$8 \quad 2 \quad 5 = 11$$

③

$$5 \quad 7 \quad 6 = 6$$

④

$$13 \quad 5 \quad 3 = 11$$

⑤

$$14 \quad 8 \quad 7 = 13$$

⑥

$$6 \quad 9 \quad 6 = 9$$

⑦

$$15 \quad 9 \quad 2 = 4$$

✚ 계산에 맞게 ◯ 안에 ＋ 또는 ─를 넣으시오.

$4 \;\bigoplus\; 7 \;\bigominus\; 3 = 8$

❶ $9 \;\bigcirc\; 2 \;\bigcirc\; 5 = 16$

❷ $11 \;\bigcirc\; 6 \;\bigcirc\; 8 = 13$

❸ $5 \;\bigcirc\; 9 \;\bigcirc\; 7 = 7$

❹ $13 \;\bigcirc\; 4 \;\bigcirc\; 3 = 6$

❺ $2 \;\bigcirc\; 5 \;\bigcirc\; 6 = 13$

❻ $8 \;\bigcirc\; 4 \;\bigcirc\; 7 = 5$

❼ $11 \;\bigcirc\; 3 \;\bigcirc\; 9 = 17$

❽ $7 \;\bigcirc\; 2 \;\bigcirc\; 5 = 14$

❾ $5 \;\bigcirc\; 6 \;\bigcirc\; 8 = 3$

❿ $13 \;\bigcirc\; 7 \;\bigcirc\; 6 = 12$

⓫ $17 \;\bigcirc\; 8 \;\bigcirc\; 5 = 4$

⓬ $9 \;\bigcirc\; 7 \;\bigcirc\; 8 = 8$

⓭ $12 \;\bigcirc\; 4 \;\bigcirc\; 9 = 17$

잘 공부했는지 알아봅시다

1 합이 10인 두 수를 사용하여 덧셈식을 만들고, 나머지 세 수의 합을 구하시오.

| 3 | 2 | 5 |

| 7 | 9 |

10 만들기	합 구하기

2 관계 있는 것끼리 선으로 이으시오.

9+3+1 ·   · 15−7−4

12−3−2 ·   · 12−4+5

6+7−9 ·   · 14−9+2

3 계산에 맞게 ○ 안에 + 또는 −를 써넣으시오.

❶ 5 ◯ 7 ◯ 4 = 8   **❷** 11 ◯ 7 ◯ 9 = 13

7

문해결 연산

모양셈

● 같은 모양은 같은 숫자, 다른 모양은 다른 숫자입니다. 빈칸을 채우시오.

$$7 + 9 = \boxed{16}$$
$$\boxed{16} - 8 + 5 = \boxed{13}$$
$$\boxed{13} - 7 = \boxed{6}$$

❶
$$12 - 4 = \bigcirc$$
$$13 - \bigcirc - 1 = \square$$
$$\square + 9 = \diamondsuit$$

❷
$$8 + 4 = \bigcirc$$
$$\bigcirc - 3 + 7 = \square$$
$$\square - 7 = \diamondsuit$$

❸
$$11 - 5 = \bigcirc$$
$$13 - \bigcirc + 8 = \square$$
$$\square - 9 = \diamondsuit$$

❹
$$9 + 6 = \bigcirc$$
$$\bigcirc - 6 + 3 = \square$$
$$\square - 4 = \diamondsuit$$

❺
$$13 - 6 = \bigcirc$$
$$4 + \bigcirc - 3 = \square$$
$$9 + \square = \diamondsuit$$

♦ ◆가 나타내는 수는 얼마입니까?

$$4 + 7 = ♣$$
$$♣ - 3 + 6 = ♠$$
$$♠ - 9 = ◆$$
$$◆ = \boxed{5}$$

❶
$$12 - 6 = ♣$$
$$8 + ♣ - 7 = ♠$$
$$♠ + 9 = ◆$$
$$◆ = \boxed{}$$

❷
$$11 - 7 = ♣$$
$$♣ + 9 - 6 = ♠$$
$$♠ + 8 = ◆$$
$$◆ = \boxed{}$$

❸
$$9 + 7 = ♣$$
$$♣ - 8 + 4 = ♠$$
$$♠ - 7 = ◆$$
$$◆ = \boxed{}$$

❹
$$13 - 4 = ♣$$
$$15 - ♣ + 7 = ♠$$
$$♠ - 5 = ◆$$
$$◆ = \boxed{}$$

❺
$$6 + 6 = ♣$$
$$♣ - 7 + 8 = ♠$$
$$♠ - 9 = ◆$$
$$◆ = \boxed{}$$

식 완성

다음 중 두 수를 사용하여 식을 완성하시오.

$6 + \boxed{5} - \boxed{2} = 9$

2　5　8

① $7 + \boxed{} - \boxed{} = 2$

3　4　9

② $8 + \boxed{} - \boxed{} = 7$

6　7　9

③ $7 - \boxed{} + \boxed{} = 12$

5　1　6

④ $6 + \boxed{} - \boxed{} = 8$

5　2　3

⑤ $9 + \boxed{} - \boxed{} = 3$

2　8　4

⑥ $15 - \boxed{} + \boxed{} = 12$

3　4　7

⑦ $16 - \boxed{} + \boxed{} = 12$

5　7　9

⑧ $5 + \boxed{} - \boxed{} = 7$

4　8　6

⑨ $9 + \boxed{} - \boxed{} = 5$

7　4　3

➕ 주어진 수를 한 번씩 사용하여 식을 완성하시오.

$\boxed{9} - \boxed{1} + \boxed{4} = 12$

1 4 9

❶ $\boxed{} - \boxed{} + \boxed{} = 15$

3 7 11

❷ $\boxed{} + \boxed{} - \boxed{} = 9$

8 5 6

❸ $\boxed{} + \boxed{} - \boxed{} = 3$

4 8 9

❹ $\boxed{} - \boxed{} + \boxed{} = 17$

4 8 13

❺ $\boxed{} - \boxed{} + \boxed{} = 14$

4 5 13

❻ $\boxed{} + \boxed{} - \boxed{} = 3$

2 8 9

❼ $\boxed{} + \boxed{} - \boxed{} = 6$

11 4 9

❽ $\boxed{} - \boxed{} + \boxed{} = 14$

9 3 8

❾ $\boxed{} - \boxed{} + \boxed{} = 13$

7 6 12

겹쳐진 거리

● 수직선을 보고 빈칸에 알맞은 수를 써넣으시오.

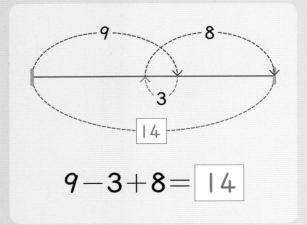

$$9-3+8= \boxed{14}$$

①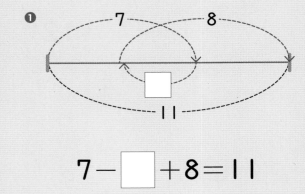

$$7- \boxed{} +8=11$$

②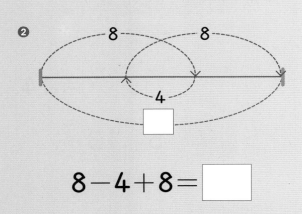

$$8-4+8= \boxed{}$$

③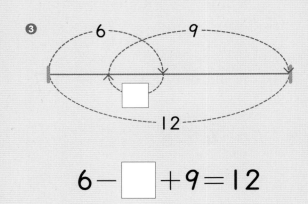

$$6- \boxed{} +9=12$$

④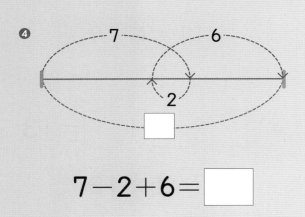

$$7-2+6= \boxed{}$$

⑤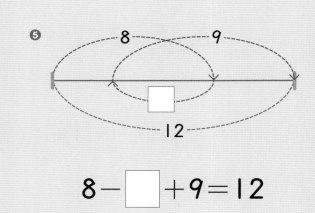

$$8- \boxed{} +9=12$$

✚ ☐ 안의 알맞은 수를 구하는 식을 쓰고, 빈칸에 알맞은 수를 써넣으시오.

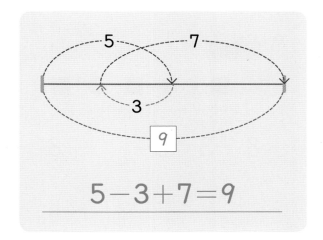

$$5-3+7=9$$

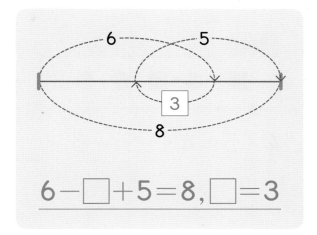

$$6-\square+5=8, \square=3$$

❶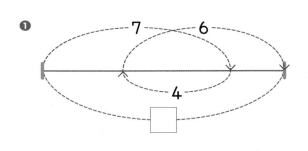

❷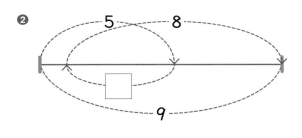

❸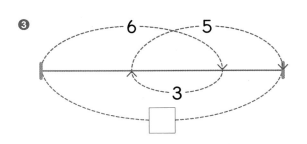

❹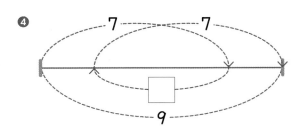

약속셈

● 약속에 맞게 계산한 것입니다. 빈칸에 알맞은 수를 써넣으시오.

약속

$$\blacksquare \odot \bullet = \blacksquare + \bullet + \bullet$$

$$4 \odot 5 = 4 + \boxed{5} + 5$$
$$= \boxed{14}$$
$$7 \odot 2 = 7 + 2 + \boxed{2}$$
$$= \boxed{11}$$

❶ **약속**

$$\blacksquare \diamondsuit \bullet = \blacksquare - \bullet + \blacksquare$$

$$8 \diamondsuit 3 = 8 - \boxed{} + 8$$
$$= \boxed{}$$
$$9 \diamondsuit 3 = 9 - 3 + \boxed{}$$
$$= \boxed{}$$

❷ **약속**

$$\blacksquare \boxdot \bullet = \blacksquare - \bullet - \bullet$$

$$13 \boxdot 4 = 13 - \boxed{} - 4$$
$$= \boxed{}$$
$$15 \boxdot 6 = 15 - 6 - \boxed{}$$
$$= \boxed{}$$

❸ **약속**

$$\blacksquare \triangle \bullet = \blacksquare + \blacksquare + \bullet$$

$$3 \triangle 9 = 3 + \boxed{} + 9$$
$$= \boxed{}$$
$$4 \triangle 8 = 4 + 4 + \boxed{}$$
$$= \boxed{}$$

◆ 약속에 맞게 계산하시오.

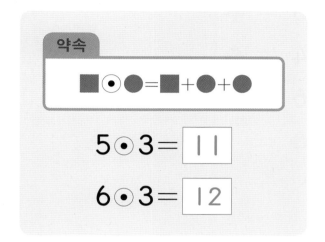

약속

$$\blacksquare \odot \bullet = \blacksquare + \bullet + \bullet$$

$$5 \odot 3 = \boxed{11}$$

$$6 \odot 3 = \boxed{12}$$

❶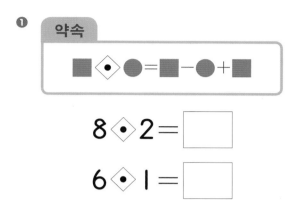

약속

$$\blacksquare \diamond \bullet = \blacksquare - \bullet + \blacksquare$$

$$8 \diamond 2 = \boxed{}$$

$$6 \diamond 1 = \boxed{}$$

❷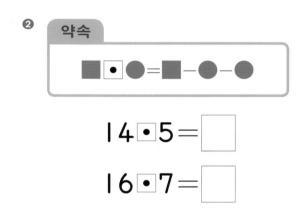

약속

$$\blacksquare \odot \bullet = \blacksquare - \bullet - \bullet$$

$$14 \odot 5 = \boxed{}$$

$$16 \odot 7 = \boxed{}$$

❸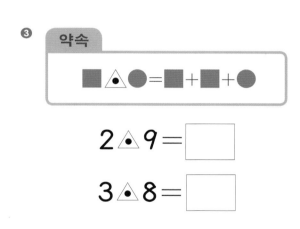

약속

$$\blacksquare \triangle \bullet = \blacksquare + \blacksquare + \bullet$$

$$2 \triangle 9 = \boxed{}$$

$$3 \triangle 8 = \boxed{}$$

❹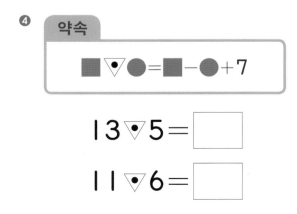

약속

$$\blacksquare \triangledown \bullet = \blacksquare - \bullet + 7$$

$$13 \triangledown 5 = \boxed{}$$

$$11 \triangledown 6 = \boxed{}$$

❺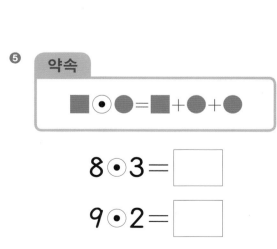

약속

$$\blacksquare \odot \bullet = \blacksquare + \bullet + \bullet$$

$$8 \odot 3 = \boxed{}$$

$$9 \odot 2 = \boxed{}$$

잘 공부했는지 알아봅시다

1 ◆가 나타내는 수는 얼마입니까?

$$7 + 5 = ♣$$

$$♣ - 9 + 4 = ♠$$

$$♠ + 8 - 6 = ◆$$

$$◆ = \boxed{}$$

2 다음 중 두 수를 사용하여 식을 완성하시오.

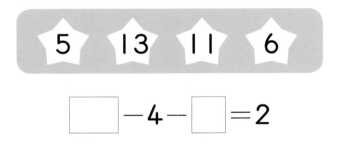

$$\boxed{} - 4 - \boxed{} = 2$$

3 □ 안의 알맞은 수를 구하는 식을 쓰고, 빈칸에 알맞은 수를 써넣으시오.

❶
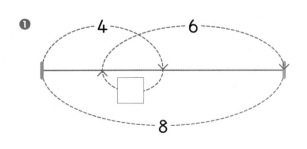

❷
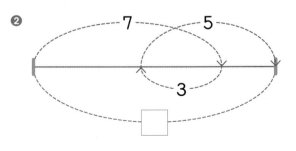

8 문장이 있는 덧셈과 뺄셈

한 식 문장제

● □ 안에 알맞은 수를 써넣어 식을 완성하시오.

배구공이 **9**개, 농구공이 **9**개 있습니다. 공은 모두 몇 개 있습니까?

식 : $\boxed{9}$ + $\boxed{9}$ = $\boxed{18}$ (개)

---

❶ 민주는 칭찬 붙임 딱지를 **6**개 가지고 있습니다. 소희는 민주보다 **5**개 더 가지고 있습니다. 소희가 가지고 있는 칭찬 붙임 딱지는 몇 개입니까?

식 : $\boxed{}$ + $\boxed{}$ = $\boxed{}$ (개)

---

❷ 종이학을 태희는 **5**개, 민수는 **7**개 모았습니다. 두 사람이 모은 종이학은 모두 몇 개입니까?

식 : $\boxed{}$ + $\boxed{}$ = $\boxed{}$ (개)

---

❸ 어제는 동화책을 **9**쪽까지 읽었습니다. 오늘은 **13**쪽을 읽었습니다. 오늘은 어제보다 몇 쪽 더 많이 읽었습니까?

식 : $\boxed{}$ − $\boxed{}$ = $\boxed{}$ (쪽)

---

❹ 슬기는 **8**살이고, 언니는 **14**살입니다. 언니는 슬기보다 몇 살이 더 많습니까?

식 : $\boxed{}$ − $\boxed{}$ = $\boxed{}$ (살)

✦ 알맞은 식과 답을 쓰시오.

오렌지가 **4**개, 사과가 **8**개 있습니다. 과일은 모두 몇 개 있습니까?

식 : __4+8=12__   답 : __12__ 개

❶ 민우는 어제 윗몸일으키기를 **6**번 하였습니다. 오늘은 어제보다 **8**번 더 하였습니다. 민우는 오늘 윗몸일으키기를 몇 번 하였습니까?

식 : _____   답 : _____ 번

❷ 과일 가게에서 자두를 **7**개, 복숭아를 **4**개 팔았습니다. 과일을 모두 몇 개 팔았습니까?

식 : _____   답 : _____ 개

❸ 꽃 가게에 백합이 **13**송이 있었는데, 그중 **4**송이를 팔았습니다. 남은 백합은 몇 송이입니까?

식 : _____   답 : _____ 송이

❹ 재호는 공깃돌을 **9**개 가지고 있고, 슬기는 **15**개 가지고 있습니다. 슬기는 재호보다 공깃돌을 몇 개 더 가지고 있습니까?

식 : _____   답 : _____ 개

□ 문장제

● 밑줄 친 조건을 □로 나타내어 알맞은 식을 쓰시오.

양계장의 닭들이 어제는 달걀을 **7**개 낳았고, 오늘은 <u>몇</u> 개를 더 낳아서 모두 □ **12**개가 되었습니다.

식 : $7 + \square = 12$

❶ 교실에 여학생 <u>몇</u> 명과 남학생 **4**명이 있어 모두 **13**명입니다.
□

식 : _____

❷ 진호는 공깃돌 **8**개를 가지고 있었는데 누나가 <u>몇</u> 개를 더 주어 모두 **13**개가 □ 되었습니다.

식 : _____

❸ 진우네 농장에는 토끼 <u>몇</u> 마리와 햄스터 **5**마리를 키웁니다. 토끼는 햄스터보다 **7**마리가 더 많습니다. □

식 : _____

❹ 호종이는 구슬을 **14**개 가지고 있었습니다. 동생에게 <u>몇</u> 개를 주고 세어 보 □ 니 **8**개가 남았습니다.

식 : _____

✦ ☐를 사용한 식을 쓰고 답을 구하시오.

과일 가게에서 참외를 4개, 키위를 몇 개 팔아 과일을 모두 11개 팔았습니다. 키위는 몇 개 팔았습니까?

식 : 4+☐=11   답 : 7 개

① 철호는 과학책을 6쪽까지 읽었습니다. 오늘은 몇 쪽을 더 읽어 14쪽까지 읽었습니다. 오늘은 몇 쪽을 읽었습니까?

식 : _____   답 : _____ 쪽

② 선우는 9년 후에 15살이 됩니다. 선우는 올해 몇 살입니까?

식 : _____   답 : _____ 살

③ 민주는 종이학을 몇 개 가지고 있었는데 그중에서 4개를 민주에게 주었더니 9개가 남았습니다. 민주는 종이학을 몇 개 가지고 있었습니까?

식 : _____   답 : _____ 개

④ 어제 우리에 고슴도치가 16마리 있었는데 오늘 몇 마리가 달아나 9마리가 되었습니다. 달아난 고슴도치는 몇 마리입니까?

식 : _____   답 : _____ 마리

세 수 문장제

◑ □ 안에 알맞은 수를 쓰고 물음에 맞는 식을 완성하시오.

어머니께서 초콜릿 **7**개를 사오셨고, 아버지께서 어머니보다 **2**개 더 많이 사오셨습니다. 어머니와 아버지께서 사오신 초콜릿은 모두 몇 개입니까?

식 : $7 + 7 + 2 = 16$ (개)

❶ 버스에 **13**명이 타고 있었는데 첫 번째 정류장에서 **5**명이 내리고, 두 번째 정류장에서 **6**명이 내렸습니다. 버스에 타고 있는 사람은 모두 몇 명입니까?

식 : □ − □ − □ = □ (명)

❷ 빨간색 색종이가 **7**장 있고, 노란색 색종이는 **6**장, 파란색 색종이는 **2**장 있습니다. 색종이는 모두 몇 장입니까?

식 : □ + □ + □ = □ (장)

❸ 한 상자에 초코파이가 **12**개 들어 있습니다. 건희가 **4**개, 미애가 **2**개를 먹었습니다. 남은 초코파이는 모두 몇 개입니까?

식 : □ − □ − □ = □ (개)

❹ 선재는 빨간색 구슬을 **8**개, 파란색 구슬을 **6**개 가지고 있었습니다. 누나에게 구슬 **5**개를 주었습니다. 선재에게 남은 구슬은 모두 몇 개입니까?

식 : □ + □ − □ = □ (개)

✚ 알맞은 식과 답을 쓰시오.

학급 문고를 만들기 위해 책을 모았습니다. 어제는 **3**권을 모았고, 오늘은 어제보다 **6**권을 더 모았습니다. 모두 몇 권이 되었습니까?

식 : $3+3+6=12$ 답 : 12 권

❶ 연필을 현우는 **2**자루, 민주는 **7**자루, 소연이는 **8**자루를 모았습니다. 세 사람이 모은 연필은 모두 몇 자루입니까?

식 : _____   답 : _____ 자루

❷ 고리 던지기 놀이를 하여 유진이는 고리를 **4**개 던졌고, 선영이는 유진이보다 **3**개 더 많이 고리를 던졌습니다. 두 사람이 던진 고리는 모두 몇 개입니까?

식 : _____   답 : _____ 개

❸ 교실에 여학생 **9**명과 남학생 **7**명이 있었습니다. 그중 **8**명이 운동장에 나갔습니다. 교실에 있는 학생은 모두 몇 명입니까?

식 : _____   답 : _____ 명

❹ 냉장고에 사과가 **6**개 있었습니다. 이 중 **3**개를 먹고, 다시 사과 **8**개를 사서 냉장고에 넣었습니다. 냉장고에 있는 사과는 모두 몇 개입니까?

식 : _____   답 : _____ 개

어떤 수 구하기

● □를 사용한 식으로 나타내시오.

어떤 수에 **7**을 더하였더니 **15**가 되었습니다.

식 : $\square + 7 = 15$

❶ 어떤 수에 **5**를 더하였더니 **11**이 되었습니다.

식 : _____

❷ **8**에 어떤 수를 더하였더니 **17**이 되었습니다.

식 : _____

❸ **4**에 어떤 수를 더하였더니 **11**이 되었습니다.

식 : _____

❹ **13**에서 어떤 수를 뺐더니 **7**이 되었습니다.

식 : _____

❺ **11**과 어떤 수의 차는 **2**입니다. 단, 어떤 수는 **11**보다 작습니다.

식 : _____

❻ 어떤 수에서 **4**를 뺐더니 **9**가 되었습니다.

식 : _____

✚ 어떤 수를 구하고, 물음에 답하시오.

어떤 수에 **7**을 더해야 할 것을 잘못하여 **9**를 더하였더니 **13**이 되었습니다. 바르게 계산하면 얼마입니까?

어떤 수 : $\square + 9 = 13,\ \square = 4$

계산하기 : $4 + 7 = 11$

❶ 어떤 수와 **8**의 합은 **16**입니다. 어떤 수에 **9**를 더하면 얼마입니까?

어떤 수 : _____

계산하기 : _____

❷ 어떤 수에 **5**를 더해야 할 것을 잘못하여 **8**을 더하였더니 **15**가 되었습니다. 바르게 계산하면 얼마입니까?

어떤 수 : _____

계산하기 : _____

❸ 어떤 수에 **6**을 더해야 할 것을 잘못해서 뺐더니 **3**이 되었습니다. 바르게 계산하면 얼마입니까?

어떤 수 : _____

계산하기 : _____

❹ 어떤 수에서 **4**를 빼야 할 것을 잘못하여 **8**을 뺐더니 **3**이 되었습니다. 바르게 계산하면 얼마입니까?

어떤 수 : _____

계산하기 : _____

1 진우는 공깃돌 **7**개를 가지고 있었는데 누나가 **6**개를 더 주었습니다. 진우가 가지고 있는 공깃돌은 모두 몇 개입니까?

식 : _____ 답 : _____ 개

2 어제 초콜릿이 **15**개 들어있었는데 오늘 상자를 열어보니 초콜릿이 **8**개 남아있습니다. 어제 먹은 초콜릿은 몇 개입니까?

식 : _____ 답 : _____ 개

3 승수는 종이학을 **14**마리 접었습니다. 승수는 지호보다 **5**마리를 더 접었다고 합니다. 지호가 접은 종이학은 몇 마리인지 □를 사용한 식으로 나타내시오.

식 : _____

4 빨간색 구슬이 **7**개, 파란색 구슬이 **8**개 있습니다. 노란색 구슬이 빨간색 구슬과 파란색 구슬을 더한 것보다 **4**개 적다면 노란색 구슬은 몇 개입니까?

5 어떤 수에 **4**를 더해야 할 것을 잘못하여 뺐더니 **5**가 되었습니다. 바르게 계산한 답을 구하시오.

MEMO

쎈연산

정답 및 해설
Guide Book

초등1 **2호**

뺄셈구구와 덧셈, 뺄셈 훈련

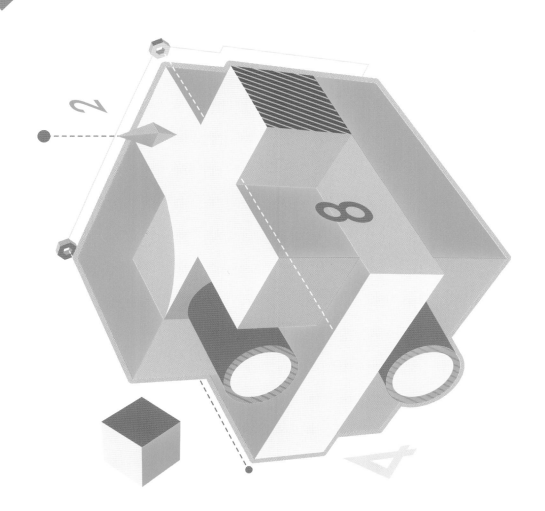

NE 능률

$12 - 8 = 4$

$11 - 7 = 4$

$16 - 8 = 8$

$13 - 9 = 4$

그림을 보고 빈칸에 알맞은 수를 써넣으시오.

$13 - 5 = 8$

$14 - 5 = 9$

$15 - 9 = 6$

$12 - 4 = 8$

사고셈 ● 9

그림셈

289

그림을 보고 빈칸을 채우시오.

$12 - 7 = 5$

$15 - 8 = 7$

$16 - 7 = 9$

$11 - 3 = 8$

$11 - 5 = 6$

$13 - 7 = 6$

$14 - 8 = 6$

$12 - 5 = 7$

8

① 주차

290 가르기 뺄셈

● □ 안에 알맞은 수를 써넣으시오.

$12-5$

$12-[2]-3$

$10-[3]=[7]$

12에서 2를 빼면 10이 되므로 5를 2와 3으로 가르기하여 계산합니다.

$15-7$

$5+[10]-7$

$[5]+3=[8]$

15를 5와 10으로 가르기하여 10에서 7을 뺀 다음 5를 더하여 계산합니다.

① $13-4$

$13-[3]-1$

$10-[1]=[9]$

② $11-5$

$1+[10]-5$

$[1]+5=[6]$

③ $17-9$

$17-[7]-2$

$10-[2]=[8]$

④ $14-6$

$4+[10]-6$

$[4]+4=[8]$

❖ □ 안에 알맞은 수를 써넣으시오.

$14-7=[7]$

$14-[4]-3$

14에서 4를 빼면 10이 되므로 7을 4와 3으로 가르기하여 계산합니다.

$13-6=[7]$

$3+[10]-6$

13을 3과 10으로 가르기하여 10에서 6을 뺀 다음 3을 더합니다.

① $11-6=[5]$

$11-[1]-5$

11에서 1을 빼면 10이 되므로 6을 1과 5로 가르기하여 계산합니다.

② $12-8=[4]$

$12-[2]-6$

③ $16-8=[8]$

$16-[6]-2$

④ $13-9=[4]$

$13-[3]-6$

⑤ $14-6=[8]$

$14-[4]-2$

⑥ $15-9=[6]$

$5+[10]-9$

15를 5와 10으로 가르기하여 10에서 9를 뺀 다음 5를 더합니다.

⑦ $14-8=[6]$

$4+[10]-8$

⑧ $12-4=[8]$

$2+[10]-4$

⑨ $16-7=[9]$

$6+[10]-7$

⑩ $11-3=[8]$

$1+[10]-3$

291 갈림길

● 계산에 맞게 선을 그으시오.

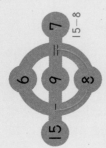

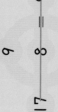

● 계산에 맞게 빈칸에 알맞은 수를 써넣으시오.

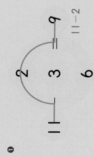

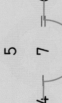

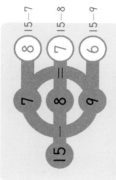

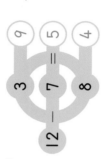

1 주차

292 숫자 카드 가로셈

● 숫자 카드를 모두 사용하여 뺄셈식 두 개를 만드시오.
두 자리 수는 십 몇이므로 십의 자리에는 항상 1이 들어갑니다.

[5 8 1 3]
→
1[3] − [5] = 8
1[3] − [8] = 5

① [2 5 7 1]
→
1[2] − [5] = 7
1[2] − [7] = 5

② [1 3 4 9]
→
1[3] − [4] = 9
1[3] − [9] = 4

③ [7 5 8 1]
→
1[5] − [7] = 8
1[5] − [8] = 7

④  [6 1 8 4]
→
1[4] − [6] = 8
1[4] − [8] = 6

● 숫자 카드를 모두 사용하여 뺄셈식 두 개를 만드시오.
뺄셈식의 형태를 (십 몇) − (몇) = (몇)으로 생각합니다.

[5 7 2 1]
→ 12−5=7, 12−7=5

① [7 1 9 6]
→ 16−7=9, 16−9=7

② [9 4 3 1]
→ 13−4=9, 13−9=4

③ [5 4 9 1]
→ 14−5=9, 14−9=5

④  [8 9 7 1]
→ 17−8=9, 17−9=8

⑤  [2 9 3 1]
→ 12−3=9, 12−9=3

잘 공부했는지 알아봅시다

1 □ 안에 알맞은 수를 써넣으시오.

❶ 14−9= 5

14−4− 5
       └─ 10 − 5

❷ 15−7= 8

10−7+ 5
       └─ 3 + 5

2 빈칸에 알맞은 수를 써넣으시오.

❶
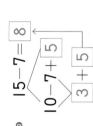

11	15	13	18
2	6	4	9

❷
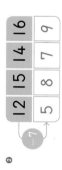

12	15	14	16
5	8	7	9

3 숫자 카드를 모두 사용하여 뺄셈식을 완성하시오.

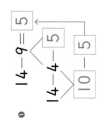

1	7	6	3

1 3 − 6 = 7

1 3 − 7 = 6

② 주차

293

네모셈

● □ 안에 들어갈 수만큼 /로 지우고, 알맞은 수를 써넣으시오.

① 14 − [8] = 6

② 12 − [5] = 7

③ 13 − [4] = 9

④ 11 − [3] = 8

⑤ 16 − [8] = 8

⑥ 15 − [6] = 9

⑦ 12 − [7] = 5

⑧ 17 − [9] = 8

● □ 안에 들어갈 수에 ○표 하고, 알맞은 수를 써넣으시오.

11 − [4] = 7
6 ④ 5
11 − 6 = 5
11 − ④ = 7
11 − 5 = 6

① 15 − [7] = 8
⑦ 6 8
15 − ⑦ = 8
15 − 6 = 9
15 − 8 = 7

③ 14 − [9] = 5
11 ⑭ 15

② 17 − [8] = 9
2 7 ⑧
17 − 2 = 15
17 − 7 = 10
17 − ⑧ = 9

④ 13 − [5] = 8
⑬ 15 3

⑤ 16 − [9] = 7
12 15 ⑯

□ 안에 들어갈 수를 넣어보고
계산하여 확인해 봅니다.

⑥
13
− 7
6
11 ⑬ 12

⑦
18
− 9
9
9 12 ⑱

⑤
12
− 8
4
⑫ 14 4

⑧
15
− 8
7
15 6 ⑧

⑨
11
− 6
5
⑥ 4 7

⑩
14
− 7
7
9 5 ⑦

294 수직선

● 수직선을 보고 빈칸에 알맞은 수를 써넣으시오.

$12-5=\boxed{7}$

❶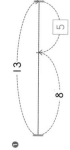

$13-4=\boxed{9}$

❷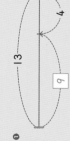

$15-6=\boxed{9}$

❸

$14-7=\boxed{7}$

❹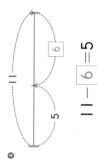

$11-3=\boxed{8}$

❺

$12-6=\boxed{6}$

● 수직선을 보고 빈칸에 알맞은 수를 써넣으시오. ⊕ 수직선에서 오른쪽으로 이동할 때는 덧셈, 왼쪽으로 이동할 때는 뺄셈입니다.

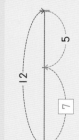

$12-\boxed{8}=4$

❶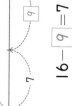

$13-\boxed{5}=8$

❷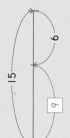

$14-\boxed{6}=8$

❸

$16-\boxed{9}=7$

❹

$11-\boxed{6}=5$

❺

$15-\boxed{7}=8$

② 주차

295 사탕셈

● 위에서 아래로, 왼쪽에서 오른쪽으로 뺄셈을 하시오.

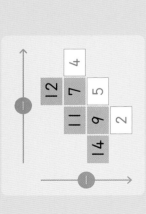

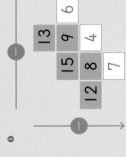

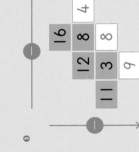

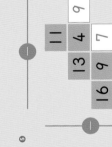

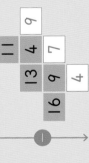

● 빈칸에 알맞은 수를 써넣으시오.

주는 순서를 찾는 것이 중요합니다.

① 11 − 4 = 7
② 13 − 6 = 7
③ 12 − 6 = 6
④ 12 − 4 = 8

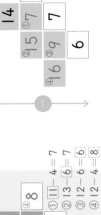

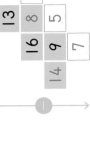

① 14 − 7 = 7
② 15 − 7 = 8
③ 15 − 9 = 6
④ 16 − 9 = 7

뺄셈표

296

● 뺄셈표의 빈칸에 알맞은 수를 써넣으시오.

뺄셈표는 세로줄의 수에서 가로줄의 수를 빼서 만든 표입니다.

➡ 뺄셈표의 빈칸에 알맞은 수를 써넣으시오.

−	■	●
●	◆	◀
◆		
◀		

[P.24]

❶
−	8	7	6
12	4	5	6
14	6	7	8
15	7	8	9

❷
−	6	9	5
12	6	3	7
14	8	5	9
11	5	2	6

❸
−	7	9	8
15	8	6	7
16	9	7	8
13	6	4	5

❹
−	5	7	8
13	8	6	5
11	6	4	3
12	7	5	4

❺
−	9	8	7
11	2	3	4
14	5	6	7
16	7	8	9

[P.25]

❶
−	6	5	9
12	6	7	3
14	8	9	5
13	7	8	4

① 12−5=7
② 12−6=6
③ 14−9=5
④ 13−9=4

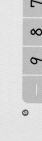

−	7	6	4
13	6	7	9
11	4	5	7
12	5	6	8

① 11−6=5
② 12−4=8

❷
−	8	7	9
16	8	9	7
15	7	8	6
14	6	7	5

❸
−	8	4	6
13	5	9	7
12	4	8	6
11	3	7	5

❹
−	5	7	6
14	9	7	8
12	7	5	6
13	8	6	7

❺
−	6	9	7
11	5	2	4
14	8	5	7
15	9	6	8

② 주차

잘 공부했는지 알아봅시다

1 □ 안에 알맞은 수를 써넣으시오.

① $12 - \boxed{9} = 3$

② $\boxed{13} - 7 = 6$

③ $17 - \boxed{9} = 8$

2 □ 안에 들어갈 수가 같은 것끼리 선으로 이으시오.

$16 - 8 = \boxed{8}$ $12 - 8 = \boxed{4}$ $13 - 7 = \boxed{6}$

$14 - \boxed{8} = 6$ $15 - \boxed{6} = 9$ $11 - \boxed{4} = 7$

3 빈칸에 알맞은 수를 써넣으시오.

①

-8

| 15 | 7 | $15 - \boxed{8} = 7$ |
| 12 | 4 | $12 - 8 = \boxed{4}$ |

②

-9

| 11 | 2 | $11 - 9 = \boxed{2}$ |
| 16 | 7 | $16 - \boxed{9} = 7$ |

원판셈

297

● 안쪽 수에서 바깥쪽 수를 빼어 빈칸에 알맞은 수를 써넣으시오.

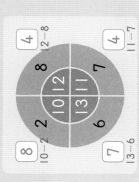

● 빈칸에 알맞은 수를 써넣으시오.

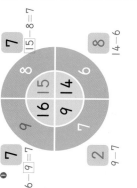

③ 주차

298 셈문 막기

● 관계 있는 것끼리 선으로 이으시오.

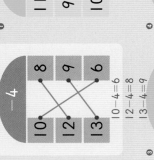

10-4=6
12-4=8
13-4=9

13-6=7
15-6=9
12-6=6

11-2=9
9-2=7
10-2=8

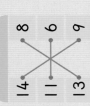
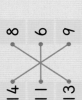

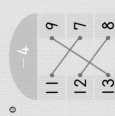

월 일

선으로 이어진 두 수를 이용하여 ○ 안의 수를 먼저 구합니다.

● ○ 안에 알맞은 수를 쓰고 나머지 선 두 개를 그으시오.

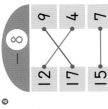

16-⑦=9

11-②=9

13-⑤=8

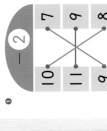
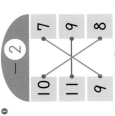

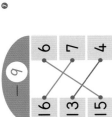
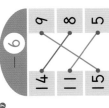

299 역피라미드

● 아래의 수는 위 두 수의 차입니다. 빈칸에 알맞은 수를 써넣으시오.

14-5 = 9 14 5 11 11-5 = 6 9 6 3 9-6

16-9 = 7 16 9 12 12-9 7 3 4 7-3

13 7 12 6 5 1

17 8 11 9 3 6

12 9 17 3 8 5

15 8 17 7 9 2

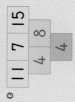
13 5 12 8 7 1

12 6 15 6 9 3

11 7 15 4 8 4 11-7 15-7

13 6 15 7 9 2

11 7 15 4 8 4

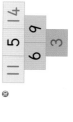
14 9 12 5 3 2

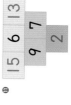

● 아래의 수는 위 두 수의 차입니다. 빈칸에 알맞은 수를 써넣으시오.

8 3 7 5 4 1
8-3=5 7-3=4 5-4=1

11 5 12 6 7 1
11-5=6 12-5=7 7-6=1

9 4 12 5 8 3
9-4=5 12-4=8 8-5=3

12 5 11 7 6 1

13 5 12 8 7 1

11 3 12 8 9 1

13 6 14 7 8 1

11 5 14 6 9 3

16 7 15 9 8 1

9 3 11 6 8 2

15 6 13 9 7 2

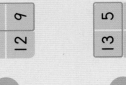

③ 주차

두 수 묶기

300

● 안의 수가 차가 되는 두 수를 찾아 ◯ 또는 ⬜를 그리시오.

5
$14-9=5$
14	9
7	15

④
$11-7=4$
11	6
7	12

❷
7	14
15	9

❻
4	18
12	9

❹
12	6
9	14

❽
13	5
6	15

❸
12	9
9	14

❷
12	9
5	11

❼
5	14
15	8

월 일

● 안의 수가 차가 되는 두 수를 찾아 ◯ 또는 ⬜를 그리시오.

2
$11-9=2$
4	12	6
11	9	15

6
$12-6=6$
8	12	6
13	9	14

❺
7	14	8
13	9	16

④
12	8	13
6	15	7

❹
9	16	7
15	8	18

③
7	14	8
16	9	12

❻
12	7	15
5	13	9

❽
6	13	4
11	9	12

잘 공부했는지 알아봅시다

월 일

1 짝지은 두 수의 차를 구하여 빈칸에 써넣으시오.

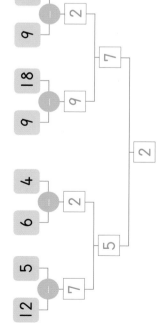

2 차가 7이 되는 두 수를 찾아 ○표 하시오.

11 3 15 7 ⑫ ⑤

12−5=7

3 계산 결과가 큰 것부터 차례로 기호를 쓰시오. ㉣, ㉠, ㉡, ㉢

㉠ 12−4 =8　　㉡ 13−6 =7

㉢ 11−9 =2　　㉣ 16−7 =9

④ 주차

관계셈

301

● 덧셈식을 보고 뺄셈식을 두 개 만드시오.

①
7+6=13

13−6=7
13−7=6

②
8+7=15

15−7=8
15−8=7

③
9+3=12

12−3=9
12−9=3

④
4+7=11

11−4=7
11−7=4

⑤
12−5=7

5+7=12
7+5=12

⑥
14−8=6

8+6=14
6+8=14

● 뺄셈식을 보고 덧셈식을 두 개 만드시오.

13−5=8

5+8=13
8+5=13

15−6=9

6+9=15
9+6=15

● 주어진 수를 사용하여 덧셈식과 뺄셈식을 각각 두 개씩 만드시오.

덧셈식 (부분) + (부분) = (전체)를 뺄셈식 (전체) − (한 부분) = (다른 부분)으로 하여 뺄셈식으로 나타낼 수 있습니다.
뺄셈식 (전체) − (한 부분) = (다른 부분)은 (부분) + (부분) = (전체)로 하여 덧셈식으로 나타낼 수 있습니다.

5 11 6

5+6=11
6+5=11
11−5=6
11−6=5

① 8 12 4

4+8=12
8+4=12
12−4=8
12−8=4

② 9 13 4

4+9=13
9+4=13
13−4=9
13−9=4

③ 8 17 9

8+9=17
9+8=17
17−8=9
17−9=8

④ 8 14 6

6+8=14
8+6=14
14−6=8
14−8=6

302 선잇기

● □ 안에 들어갈 수가 같은 것끼리 선으로 이으시오.

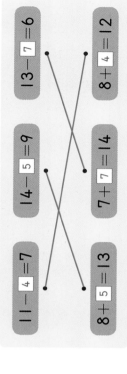

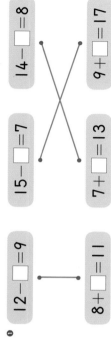

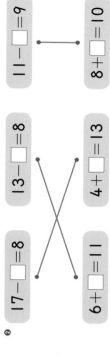

월 일

◆ □ 안에 들어갈 수가 같은 것끼리 선으로 이으시오.

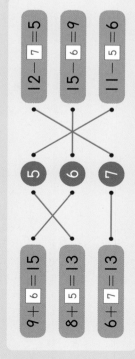

| $13 - \boxed{7} = 6$ | $14 - \boxed{5} = 9$ | $11 - \boxed{4} = 7$ |
| $8 + \boxed{4} = 12$ | $7 + \boxed{7} = 14$ | $8 + \boxed{5} = 13$ |

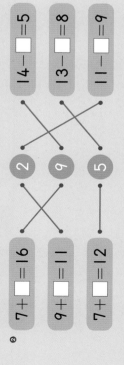

사고셈 | 정답 및 해설

P.40 ● P.41

④ 주차

303 두 색깔 양궁

● 화살이 ⬜에 꽂히면 점수를 더하고, ⬜에 꽂히면 점수를 뺍니다. 점수를 구하는 식을 쓰고 반간에 알맞은 수를 써넣으시오.

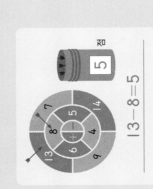

13 − 8 = 5

 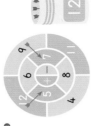 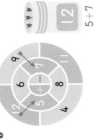

6 + 5 = 11

12 − 6 = 6

7 + 9 = 16

11 − 9 = 2

7 + 5 = 12

더하는 수와 빼는 수를 잘 구분합니다.

5 + 7   12
7 + 9   16
11 − 5   6

❖ 점수에 맞게 화살을 두 개를 그리시오.

12 − 6   6
14 − 6   8
9 + 8   17

304 카드 관계셈

● 숫자 카드를 모두 사용하여 덧셈식 또는 뺄셈식을 완성하시오.

● 숫자 카드를 모두 사용하여 덧셈식과 뺄셈식을 각각 두 개씩 만들어 보시오.

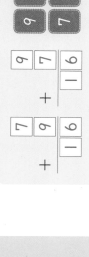

④ 주차

잘 공부했는지 알아봅시다

1 □ 안에 공통으로 들어가는 수를 구하시오.   12

□ − 8 = 4이면
4 + 8 = □ 입니다.

2 수 카드 15 , 9 , 9 , 6 을 사용하여 덧셈식과 뺄셈식을 각각 두 개씩 만드시오.

6 + 9 = 15   15 − 6 = 9

9 + 6 = 15   15 − 9 = 6

3 두 개의 판에 화살을 쏘고 있습니다. 화살에 꽂힌 곳에 쓰여 있는 수만큼 동그라미 판에서는 점수를 얻고, 네모판에서는 점수를 잃습니다. 영민이와 진호 중 누가 더 높은 점수를 얻었습니까? 진호

영민
15 − 9 = 6 (점)

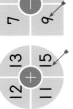

진호
12 − 4 = 8 (점)

305

창문셈

● 덧셈, 뺄셈을 하여 빈칸에 알맞은 수를 써넣으시오.

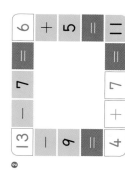

● 빈칸에 알맞은 수 또는 +, -를 써넣으시오.

⑤ 주차

306 써클셈

● 안에 알맞은 수를 써넣으시오.

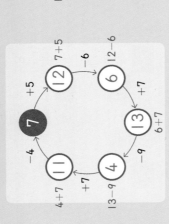

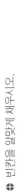

❖ 빈칸을 알맞게 채우시오.

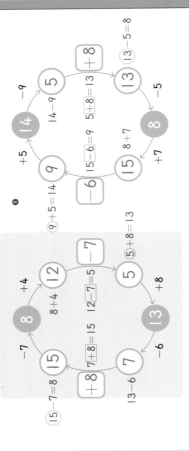

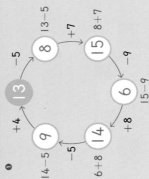

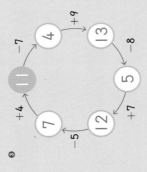

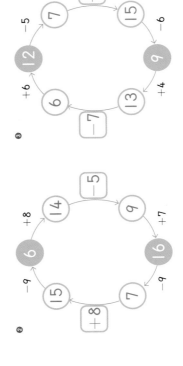

307 대소셈

● □ 안에 들어갈 수 있는 수에 모두 ○표 하시오.

6+□<13

6+1<13 6+2<13 6+3<13 6+4<13 6+5<13 6+6<13 6+7=13 6+8>13
7   8   9   10   11   12   13   14

① ②③④⑤⑥ 7 8 9

❶ 5+□>11 : 1 2 3 4 5 6 ⑦⑧⑨

❷ 12-□<7 : 1 2 3 4 5 ⑥⑦⑧⑨

❸ 11-□>5 : ①②③④⑤ 6 7 8 9

❹ 3+□<11 : ①②③④⑤⑥⑦ 8 9

❺ 8+□>12 : 1 2 3 4 ⑤⑥⑦⑧⑨

❻ 13-□<9 : 1 2 3 4 ⑤⑥⑦⑧⑨

52

♣ 1에서 9까지의 수 중에서 □ 안에 들어갈 수 있는 수를 모두 쓰고, 가장 큰 수에 ○표 하시오.

8+□<14

8+1<14 8+2<14 8+3<14 8+4<14 8+5<14 8+6=14
9   10   11   12   13   14

1 2 3 4 ⑤

❶ 14-□>7 : 1 2 3 4 5 ⑥

❷ 9+□<17 : 1 2 3 4 5 6 ⑦

♣ 1에서 9까지의 수 중에서 □ 안에 들어갈 수 있는 수를 모두 쓰고, 가장 작은 수에 △표 하시오.

8+□>11 : 4 5 6 7 8 9

❸ 13-□<7 : 8 9

❹ 7+□>12 : △6 7 8 9

사고셈 ● 53

5 주차

308 합과 차

두 수의 합과 차를 빈칸에 써넣으시오.

월 일

합과 차에 맞게 두 수를 구하여 큰 수부터 써넣으시오.

합이 11이 되는 두 수를 찾으면
(10, 1), (9, 2), (8, 3), (7, 4), …
이 중 차가 5가 되는 것은 (8, 3)

합이 14가 되는 두 수를 찾으면
(10, 4), (9, 5), (8, 6), …
이 중 차가 2가 되는 것은 (8, 6)

⑤ 주차

잘 공부했는지 알아봅시다

월   일

1 □ 안에 들어갈 수 있는 수 중 가장 큰 수를 구하시오. **5**

$$6 + \boxed{} < 12$$

6+1<12, 6+2<12, 6+3<12, 6+4<12, 6+5<12, 6+6=12
6+7>12, 6+8>12, …이므로 구하는 가장 큰 수는 5

2 같은 모양에는 같은 수가, 다른 모양에는 다른 수가 들어갑니다. 빈칸에 알맞은 수를 써넣으시오.

❶ $\boxed{7} + \boxed{4} = 11$

$\boxed{7} - \boxed{4} = 3$

합이 11, 차가 3인 두 수
를 찾아봅니다.

❷ $\boxed{9} + \boxed{7} = 16$

$\boxed{9} - \boxed{7} = 2$

합이 16, 차가 2인 두 수
를 찾아봅니다.

3 영빈이와 다혜는 수 카드를 1장씩 가지고 있습니다. 두 사람이 가진 카드에 적힌 수를 더하면 13이고, 영빈이가 가진 카드에 적힌 수에서 다혜가 가진 카드에 적힌 수를 빼면 3입니다. 영빈이와 다혜가 가진 수 카드에 적힌 수는 각각 얼마입니까?

합이 13이고, 차가 3인 두 수를 찾아봅니다.   영빈 : ___8___   다혜 : ___5___

56

⑥ 주차

309 사다리 타기

● 빈칸에 알맞은 수를 써넣으시오.

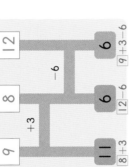
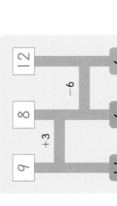
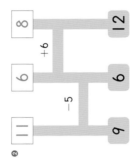

● 빈칸에 알맞은 수를 써넣으시오.

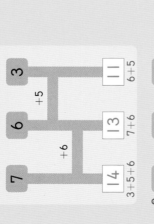
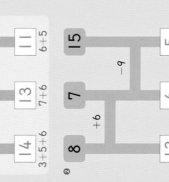

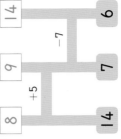

6 주차

거꾸로셈

310

● 빈칸을 알맞게 채우시오.

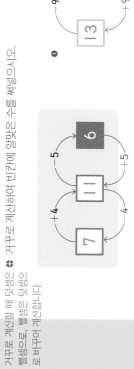

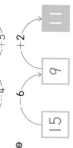

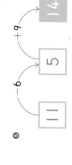

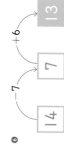

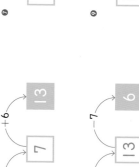

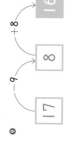

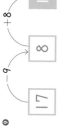

거꾸로 계산할 때 덧셈은 ● 거꾸로 계산하여 빈칸에 알맞은 수를 써넣으시오.
뺄셈으로, 뺄셈은 덧셈으
로 바꾸어 계산합니다.

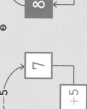

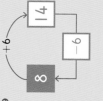

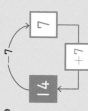

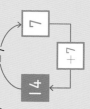

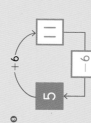

월 일

⑥ 주차

P. 62 ● P. 63

월 일

- ① 15−3−4=8
- ③ 12−7−2=3
- ⑤ 16−7−2=7
- ⑦ 13−7+8=14
- ⑨ 15−9+7=13
- ⑪ 12−4+9=17
- ⑬ 14−5+3=12

❖ □ 안에 알맞은 수를 써넣으시오.

7+1+7=15

- ② 9+4+3=16
- ④ 6+3+9=18
- ⑥ 7+6−8=5
- ⑧ 8+4−6=6
- ⑩ 3+9−5=7
- ⑫ 6+8−7=7

311 수직선

● 수직선을 보고 빈칸에 알맞은 수를 써넣으시오.

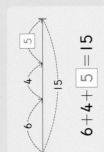

6+4+5=15

① 12−5−3=4

③ 15−3−6=6

⑤ 7+4−6=5

② 2+7+6=15

④ 3+8−2=9

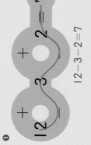
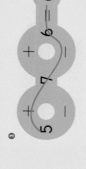

312 연산자

● 계산에 맞게 선을 그으시오.

$7+6-4=9$

① $12-3-2=7$

② (8, 2, 5 = 11)

③ (5, 7, 6 = 6)

④ (13, 5, 3 = 11)

⑤ (14, 8, 7 = 13)

⑥ (6, 9, 6 = 9)

⑦ (15, 9, 2 = 4)

● 계산에 맞게 ○ 안에 + 또는 −를 넣으시오.

$4 (+) 7 (-) 3 = 8$

① $9 (+) 2 (+) 5 = 16$

② $11 (-) 6 (+) 8 = 13$

③ $5 (+) 9 (-) 7 = 7$

④ $13 (-) 4 (-) 3 = 6$

⑤ $2 (+) 5 (+) 6 = 13$

⑥ $8 (+) 4 (-) 7 = 5$

⑦ $11 (-) 3 (+) 9 = 17$

⑧ $7 (+) 2 (+) 5 = 14$

⑨ $5 (+) 6 (-) 8 = 3$

⑩ $13 (-) 7 (+) 6 = 12$

⑪ $17 (-) 8 (-) 5 = 4$

⑫ $9 (+) 7 (-) 8 = 8$

⑬ $12 (-) 4 (+) 9 = 17$

⑥ 주차

잘 공부했는지 알아봅시다

월   일

1 합이 10인 두 수를 사용하여 덧셈식을 만들고, 나머지 세 수의 합을 구하시오.

3	2	5
7	9	

10 만들기	합 구하기
3+7=10	2+5+9=16

더하는 수의 순서는 바꾸어 써도 됩니다.

2 관계 있는 것끼리 선으로 이으시오.

13 　9+3+1 ────┐ ┌──── 15−7−4 ⁴

7 　12−3−2 ──┐ │ │ ┌── 12−4+5 ¹³

4 　6+7−9 ──┘ └─┘ └── 14−9+2 ⁷

각각 계산한 후 계산 결과가 같은 것끼리 선을 연결합니다.

3 계산에 맞게 ◯ 안에 +또는 −를 써넣으시오.

● 5 ⊕ 7 ⊖ 4 = 8

● 11 ⊖ 7 ⊕ 9 = 13

99

313 모양셈

● 같은 모양은 같은 숫자, 다른 모양은 다른 숫자입니다. 빈칸을 채우시오.

7 + 9 = ⑯
⑯ − 8 + 5 = ⬛13
13 − 7 = ◇6

① 12 − 4 = ⑧
13 − ⑧ − 1 = ⬛4
⬛4 + 9 = ◇13

② 8 + 4 = ⑫
⑫ − 3 + 7 = ⬛16
⬛16 − 7 = ◇9

③ 11 − 5 = ⑥
13 − ⑥ + 8 = ⬛15
⬛15 − 9 = ◇6

④ 9 + 6 = ⑮
⑮ − 6 + 3 = ⬛12
⬛12 − 4 = ◇8

⑤ 13 − 6 = ⑦
4 + ⑦ − 3 = ⬛8
9 + ⬛8 = ◇17

---

❶ 12 − 6 = ♣ (6)
♣ − 7 = ♠ (7)
♠ + 9 = ♦ (16)
♦ = [16]
8 + ♣ = ♠

❸ 9 + 7 = ♣
8 + 4 = ♠
♣ − 7 = ♦
♦ = [5]

❺ 6 + 6 = ♣
♣ − 7 = ♠
♠ − 9 = ♦
♦ = [4]

❷ 11 − 7 = ♣
♣ + 9 − 6 = ♠
♠ + 8 = ♦
♦ = [15]

❹ 13 − 4 = ♣
♣ − ♥ + 7 = ♠
♠ − 5 = ♦
♦ = [8]

❻ ◆가 나타내는 수는 얼마입니까?

4 + 7 = ♣ (11)
♣ − 3 + 6 = ♠ (14)
♠ − 9 = ◆ (5)
♣(11)... ◆ = [5]

314   식 완성

● 다음 중 두 수를 사용하여 식을 완성하시오.

$6+5-2=9$
2 5 **8**

② $8+6-7=7$
6 7 **9**

④ $6+5-3=8$
5 **2** 3

⑥ $15-7+4=12$
3 **4** **7**

⑧ $5+8-6=7$
4 8 6

① $7+4-9=2$
3 4 **9**

③ $7-1+6=12$
5 **1** **6**

⑤ $9+2-8=3$
2 **8** 4

⑦ $16-9+5=12$
5 **7** **9**

⑨ $9+3-7=5$
7 4 3

● 주어진 수를 한 번씩 사용하여 식을 완성하시오. 더하는 두 수의 순서를 바꾸어도 정답입니다.

$9-1+4=12$
1 4 9
$4-1+9=12$

② $8+6-5=9$
8 5 6
$6+8-5=9$

④ $13-4+8=17$
4 8 13

⑥ $2+9-8=3$
2 8 9

⑧ $9-3+8=14$
9 3 8

① $11-3+7=15$
3 7 11
$7-3+11=15$

③ $4+8-9=3$
4 8 9
$8+4-9=3$

⑤ $13-4+5=14$
4 5 13

⑦ $11+4-9=6$
11 4 9

⑨ $12-6+7=13$
7 6 12

315 겹쳐진 거리

● 수직선을 보고 빈칸에 알맞은 수를 써넣으시오.

$7 - \boxed{4} + 8 = 11$

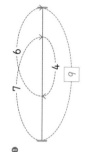

$6 - \boxed{3} + 9 = 12$

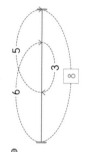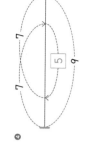

$8 - \boxed{5} + 9 = 12$

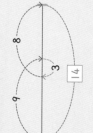

$9 - 3 + 8 = \boxed{14}$

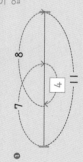

$8 - 4 + 8 = \boxed{12}$

$7 - 2 + 6 = \boxed{11}$

수직선에서 오른쪽으로 이동할 때는 덧셈, 왼쪽으로 이동할 때는 뺄셈입니다.

● □ 안의 알맞은 수를 구하는 식을 쓰고, 빈칸에 알맞은 수를 써넣으시오.

$5 - 3 + 7 = 9$

$6 - \boxed{} + 5 = 8, \boxed{} = 3$

$7 - 4 + 6 = 9$

$5 - \boxed{} + 8 = 9, \boxed{} = 4$

$6 - 3 + 5 = 8$

$7 - \boxed{} + 7 = 9, \boxed{} = 5$

7 주차

316 약속셈

● 약속에 맞게 계산한 것입니다. 빈칸에 알맞은 수를 써넣으시오.

약속 ●=■+●+●+■

$4●5=4+\boxed{5}+5$
$=\boxed{14}$

$7●2=7+2+\boxed{2}$
$=\boxed{11}$

① **약속** ◆=■+●+■

$8◆3=8-\boxed{3}+8$
$=\boxed{13}$

$9◆3=9-3+\boxed{9}$
$=\boxed{15}$

② **약속** ●=■-●

$13●4=13-\boxed{4}-4$
$=\boxed{5}$

$15●6=15-6-\boxed{6}$
$=\boxed{3}$

③ **약속** △=●+■+■

$3△9=3+\boxed{3}+9$
$=\boxed{15}$

$4△8=4+4+\boxed{8}$
$=\boxed{16}$

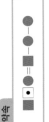

월 일

● 약속에 맞게 계산하시오.

① **약속** ◆=●-■+●

$8◆2=\boxed{14}$ $^{8-2+8}$
$6◆1=\boxed{11}$ $^{6-1+6}$

② **약속** ●=■-●-●

$14●5=\boxed{4}$ $^{14-5-5}$
$16●7=\boxed{2}$ $^{16-7-7}$

③ **약속** △=■+●+■

$2△9=\boxed{13}$ $^{2+2+9}$
$3△8=\boxed{14}$ $^{3+3+8}$

④ **약속** ▽=●-■+7

$13▽5=\boxed{15}$ $^{13-5+7}$
$11▽6=\boxed{12}$ $^{11-6+7}$

⑤ **약속** ●=■+●+■

$8●3=\boxed{14}$ $^{8+3+3}$
$9●2=\boxed{13}$ $^{9+2+2}$

잘 공부했는지 알아봅시다

1 ◆가 나타내는 수는 얼마입니까?

$7 + 5 = $ ♣ 12

♣ 12 $- 9 + 4 = $ ♠ 7

♠ 7 $+ 8 - 6 = $ ◆ 9

◆ $=$ 9

2 다음 중 두 수를 사용하여 식을 완성하시오.

5   13   11   6

$11 - 4 - 5 = 2$

3 □ 안에 알맞은 수를 구하는 식을 쓰고, 빈칸에 알맞은 수를 써넣으시오.

❶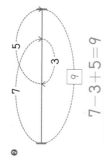

$4 - \boxed{2} + 6 = 8, \boxed{} = 2$

❷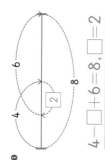

$7 - 3 + 5 = 9$

317 한 식 문장제

◆ □ 안에 알맞은 수를 세널어 식을 완성하시오.

배구공이 9개, 농구공이 9개 있습니다. 공은 모두 몇 개 있습니까?

식: $9 + 9 = 18$ (개)

❶ 민주는 칭찬 붙임 딱지를 6개 가지고 있습니다. 소희는 민주보다 5개 더 가지고 있습니다. 소희가 가지고 있는 칭찬 붙임 딱지는 몇 개입니까?

식: $6 + 5 = 11$ (개)

❷ 종이학을 태희는 5개, 민주는 7개 모았습니다. 두 사람이 모은 종이학은 모두 몇 개입니까?

식: $5 + 7 = 12$ (개)

❸ 어제는 동화책을 9쪽까지 읽었습니다. 오늘은 13쪽을 읽었습니다. 오늘은 어제보다 몇 쪽 더 많이 읽었습니까?

식: $13 - 9 = 4$ (쪽)

❹ 승기는 8살이고, 언니는 14살입니다. 언니는 승기보다 몇 살이 더 많습니까?

식: $14 - 8 = 6$ (살)

◆ 알맞은 식과 답을 쓰시오.

오렌지가 4개, 사과가 8개 있습니다. 과일은 모두 몇 개 있습니까?

식: $4+8=12$ 답: 12 개

❶ 민주는 어제 윗몸일으키기를 6번 하였습니다. 오늘은 어제보다 8번 더 하였습니다. 민주는 오늘 윗몸일으키기를 몇 번 하였습니까?

식: $6+8=14$ 답: 14 번

❷ 과일 가게에서 자두를 7개, 복숭아를 4개 팔았습니다. 과일을 모두 몇 개 팔았습니까?

식: $7+4=11$ 답: 11 개

❸ 꽃 가게에 백합이 13송이 있었는데, 그중 4송이를 팔았습니다. 남은 백합은 몇 송이입니까?

식: $13-4=9$ 답: 9 송이

❹ 제호는 공깃돌을 9개 가지고 있고, 승기는 15개 가지고 있습니다. 승기는 제호보다 공깃돌을 몇 개 더 가지고 있습니까?

식: $15-9=6$ 답: 6 개

318 □ 문장제

◆ 밑줄 친 조건을 □로 나타내어 알맞은 식을 쓰시오.

양계장의 닭들이 어제는 달걀을 7개 낳았고, 오늘은 몇 개를 더 낳아서 모두 12개가 되었습니다.

식 : $7 + \boxed{} = 12$

① 교실에 여학생 몇 명과 남학생 4명이 있어 모두 13명입니다.

식 : $\boxed{} + 4 = 13$

② 진호는 공기돌 8개를 가지고 있었는데 누나가 몇 개를 더 주어 모두 13개가 되었습니다.

식 : $8 + \boxed{} = 13$

③ 진우네 농장에는 토끼 몇 마리와 햄스터 5마리를 기릅니다. 토끼는 햄스터보다 7마리가 더 많습니다.

식 : $\boxed{} - 5 = 7$

④ 효중이는 구슬을 14개 가지고 있었습니다. 동생에게 몇 개를 주고 세어 보니 8개가 남았습니다.

식 : $14 - \boxed{} = 8$

◆ □를 사용한 식을 쓰고 답을 구하시오.

과일 가게에서 참외를 4개, 키위를 몇 개 팔아 과일을 모두 11개 팔았습니다. 키위는 몇 개 팔았습니까?

식 : $4 + \boxed{} = 11$ 답 : 7 개

① 청호는 과학책을 6쪽까지 읽었습니다. 오늘은 몇 쪽을 더 읽어 14쪽까지 읽었습니다. 오늘은 몇 쪽을 읽었습니까?

식 : $6 + \boxed{} = 14$ 답 : 8 쪽

② 선우는 9년 후에 15살이 됩니다. 선우는 올해 몇 살입니까?

식 : $\boxed{} + 9 = 15$ 답 : 6 살

③ 민주는 종이학을 몇 개 가지고 있었는데 그중에서 4개를 민주에게 주었더니 9개가 남았습니다. 민주는 종이학을 몇 개 가지고 있었습니까?

식 : $\boxed{} - 4 = 9$ 답 : 13 개

④ 어제 우리에 고슴도치가 16마리 있었는데 오늘 몇 마리가 되어 9마리가 되었습니다. 달아난 고슴도치는 몇 마리입니까?

식 : $16 - \boxed{} = 9$ 답 : 7 마리

⑧ 주차

319   세 수 문장제

● □ 안에 알맞은 수를 쓰고 물음에 맞는 식을 완성하시오.

어머니께서 초콜릿 7개를 사오셨고, 아버지께서 어머니보다 2개 더 많이 사오셨습니다. 어머니와 아버지께서 사오신 초콜릿은 모두 몇 개입니까?

식: $\boxed{7} + \boxed{7} + \boxed{2} = \boxed{16}$ (개)
          어머니   아버지

● 버스에 13명이 타고 있었는데 첫 번째 정류장에서 5명이 내리고, 두 번째 정류장에서 6명이 내렸습니다. 버스에 타고 있는 사람은 모두 몇 명입니까?

식: $13 - 5 - 6 = \boxed{2}$ (명)

② 빨간색 색종이가 7장 있고, 노란색 색종이는 6장, 파란색 색종이는 2장 있습니다. 색종이는 모두 몇 장입니까?

식: $7 + 6 + 2 = \boxed{15}$ (장)

❸ 한 상자에 초코파이가 12개 들어 있습니다. 진희가 4개, 미애가 2개를 먹었습니다. 남은 초코파이는 모두 몇 개입니까?

식: $12 - 4 - 2 = \boxed{6}$ (개)

❹ 선제는 빨간색 구슬을 8개, 파란색 구슬을 6개 가지고 있었습니다. 누나에게 구슬 5개를 주었습니다. 선제에게 남은 구슬은 모두 몇 개입니까?

식: $8 + 6 - 5 = \boxed{9}$ (개)

✚ 알맞은 식과 답을 쓰시오.

학급 문고를 만들기 위해 책을 모았습니다. 어제는 3권을 모았고, 오늘은 어제보다 6권을 더 모았습니다. 모두 몇 권이 되었습니까?

식: $3 + 3 + 6 = 12$ 답: 12 권

● 연필을 현우는 2자루, 민주는 7자루, 소연이는 8자루를 모았습니다. 세 사람이 모은 연필은 모두 몇 자루입니까?

식: $2 + 7 + 8 = 17$ 답: 17 자루

② 고리 던지기 놀이를 하여 유진이는 고리를 4개 던졌고, 선영이는 유진이보다 3개 더 많이 고리를 던졌습니다. 두 사람이 던진 고리는 모두 몇 개입니까?

식: $4 + 4 + 3 = 11$ 답: 11 개

❸ 교실에 여학생 9명과 남학생 7명이 있었습니다. 그중 8명이 운동장에 나갔습니다. 교실에 있는 학생은 모두 몇 명입니까?

식: $9 + 7 - 8 = 8$ 답: 8 명

❹ 냉장고에 사과가 6개 있었습니다. 이 중 3개를 먹고, 다시 사과 8개를 사서 냉장고에 넣었습니다. 냉장고에 있는 사과는 모두 몇 개입니까?

식: $6 - 3 + 8 = 11$ 답: 11 개

320 어떤 수 구하기

● □를 사용한 식으로 나타내시오.

어떤 수에 7을 더하였더니 15가 되었습니다.
식 : □+7=15

❶ 어떤 수에 5를 더하였더니 11이 되었습니다.
식 : □+5=11

❷ 8에 어떤 수를 더하였더니 17이 되었습니다.
식 : 8+□=17

❸ 4에 어떤 수를 더하였더니 11이 되었습니다.
식 : 4+□=11

❹ 13에서 어떤 수를 뺐더니 7이 되었습니다.
식 : 13-□=7

❺ 11과 어떤 수의 차는 2입니다. 단, 어떤 수는 11보다 작습니다.
식 : 11-□=2

❻ 어떤 수에서 4를 뺐더니 9가 되었습니다.
식 : □-4=9

● 어떤 수를 구하고, 물음에 답하시오.

어떤 수에 7을 더해야 할 것을 잘못하여 9를 더하였더니 13이 되었습니다. 바르게 계산하면 얼마입니까?
어떤 수 : □+9=13, □=4
계산하기 : 4+7=11

❶ 어떤 수와 8의 합은 16입니다. 어떤 수에 9를 더하면 얼마입니까?
어떤 수 : □+8=16, □=8
계산하기 : 8+9=17

❷ 어떤 수에 5를 더해야 할 것을 잘못하여 8을 더하였더니 15가 되었습니다. 바르게 계산하면 얼마입니까?
어떤 수 : □+8=15, □=7
계산하기 : 7+5=12

❸ 어떤 수에 6을 더해야 할 것을 잘못해서 빼었더니 3이 되었습니다. 바르게 계산하면 얼마입니까?
어떤 수 : □-6=3, □=9
계산하기 : 9+6=15

❹ 어떤 수에서 4를 빼야 할 것을 잘못하여 8을 빼었더니 3이 되었습니다. 바르게 계산하면 얼마입니까?
어떤 수 : □-8=3, □=11
계산하기 : 11-4=7

⑧ 주차

잘 공부했는지 알아봅시다

1 진우는 공깃돌 7개를 가지고 있었는데 누나가 6개를 더 주었습니다. 진우가 가지고 있는 공깃돌은 모두 몇 개입니까?

식 : 7+6=13   답 : 13 개

2 어제 초콜릿이 15개 들어있었는데 오늘 상자를 열어보니 초콜릿이 8개 남아있습니다. 어제 먹은 초콜릿은 몇 개입니까?

식 : 15-8=7   답 : 7 개

3 승수는 종이학을 14마리 접었습니다. 승수는 지호보다 5마리를 더 접었다고 합니다. 지호가 접은 종이학은 몇 마리인지 □를 사용한 식으로 나타내시오.

지호가 접은 종이학의 수를 □라 놓습니다.

□+5=14
지호 승수

식 : □+5=14

4 빨간색 구슬이 7개, 파란색 구슬이 8개 있습니다. 노란색 구슬이 빨간색 구슬과 파란색 구슬을 더한 것보다 4개 적다면 노란색 구슬은 몇 개입니까? 11 개

식 : 7+8-4=11   답 : 11개

5 어떤 수에 4를 더해야 할 것을 잘못하여 뺐더니 5가 되었습니다. 바르게 계산한 답을 구하시오. 13

어떤 수를 □라 하면 □-4=5 바르게 계산하면 9+4=13
□=9

86

수학 개념이 쉽고 빠르게 소화되는

월등한 개념 수학

월등한 개념 수학 모델
이유진

www.nebooks.co.kr ▼

배운 개념을 끊임없이 되짚어주니까
새로운 개념도 쉽게 이해됩니다

수학 개념이 쉽고 빠르게 소화되는 특별한 학습법

· 배운 개념과 배울 개념을 연결하여 소화가 쉬워지는 학습
· 문제의 핵심 용어를 짚어주어 소화가 빨라지는 학습
· 개념북에서 익히고 워크북에서 1:1로 확인하여 완벽하게 소화하는 학습

NE 능률

NE능률의 모든 교재가 한 곳에 - 엔이 북스

NE_Books

www.nebooks.co.kr ▼

NE능률의 유초등 교재부터 중고생 참고서,
토익·토플 수험서와 일반 영어까지!
PC는 물론 태블릿 PC, 스마트폰으로 언제 어디서나
NE능률의 교재와 다양한 학습 자료를 만나보세요.

✓ 필요한 부가 학습 자료 바로 찾기
✓ 주요 인기 교재들을 한눈에 확인
✓ 나에게 딱 맞는 교재를 찾아주는 스마트 검색
✓ 함께 보면 좋은 교재와 다음 단계 교재 추천
✓ 회원 가입, 교재 후기 작성 등 사이트 활동 시 NE Point 적립

영어교과서   리딩튜터   능률보카   빠른독해 바른독해   수능만만   월등한 개념 수학   토마토TOEIC   토마토 클래스   NE 클래스
NE_Build & Grow   NE_Times   NE_Kids(굿잡,상상수프)   NE_능률 주니어랩   NE 매쓰펀

건강한
배움의 즐거움

NE
능률